À MARGEM DA MARGEM

AUGUSTO DE CAMPOS

À MARGEM DA MARGEM

COMPANHIA DAS LETRAS

Copyright © 1989, 2023 by Augusto de Campos

Grafia atualizada segundo o Acordo Ortográfico da Língua Portuguesa de 1990, que entrou em vigor no Brasil em 2009.

Capa e programação gráfica
Augusto de Campos

Revisão
Andrea Souzedo
Eduardo Russo

Dados Internacionais de Catalogação na Publicação (CIP)
(Câmara Brasileira do Livro, SP, Brasil)

Campos, Augusto de
  À margem da margem / Augusto de Campos. —
2ª ed. — São Paulo : Companhia das Letras, 2023.

  ISBN 978-65-5921-537-9

  1. Literatura — Crítica e interpretação 2. Poemas em prosa
I. Título.

23-154137   CDD-809

Índice para catálogo sistemático:
1. Literatura : Apreciação crítica   809

Tábata Alves da Silva — Bibliotecária — CRB-8/9253

Todos os direitos desta edição reservados à
EDITORA SCHWARCZ S.A.
Rua Bandeira Paulista, 702, cj. 32
04532-002 — São Paulo — SP
Telefone: (11) 3707-3500
www.companhiadasletras.com.br
www.blogdacompanhia.com.br
facebook.com/companhiadasletras
instagram.com/companhiadasletras
twitter.com/cialetras

SUMÁRIO

À MARGEM DA MARGEM — prefácio 7

DA EUROPA

O Flaubert que Faz Falta (1980) 13
A Prosa é "Mobile" (1963) 23
Outras Palavras sobre *Finnegans Wake* (1982) 35
    Dois Fragmentos do *Finnegans Wake* 41
Belli, Diabolus in Poesia (1987) 51
    Dois Sonetos de Belli 57
    Intradução 62
Nuvem-Espelho para Sinisgalli (1984) 63

DA RÚSSIA

    Profilograma 1 (Pound-Maiakóvski) 72
Vida Breve, Arte Longa (1967) 73
O Sputnik e a Troca de Sinais (1967) 79
    Intradução 86
O Colombo dos Novos Continentes Poéticos (1985) 87

DOS EUA

Pound Made (New) in Brazil (1965) 99
Objetivo: Louis Zukofsky (1964) 113
    A Fúria de Júlia 124
Bob Brown: Poemas Óticos (1965) 127

DO BRASIL

Notícia Impopular de *O Homem do Povo* (1983) 145
Resiste, Ro (1985) 159
Dialética da Maledicência (1985) 175
The Gentle Art of Making Enemies (1976) 181

À MARGEM DA MARGEM

Num belo poema de 1951 escreveu Décio Pignatari:

— Apenas o amor e, em sua ausência, o amor
decreta, superposto em ostras de coragem,
o exílio do exílio à margem da margem.

Lembrei-me desses versos quando decidi montar o presente livro, juntando artigos e estudos díspares, elaborados em épocas diversas — o mais antigo, "A Prosa é Mobile", em 1963, o mais recente, "Belli, Diabolus in Poesia", em 1987 — e até aqui dispersos por jornais e outras publicações especiais.

Díspares. Diversos. Dispersos. O que têm eles em comum? A marginalidade dos que buscaram caminhos não balizados, abriram sendas novas, estranhas ao território habitual da poesia ou da literatura. Do avesso do avesso à margem da margem — para utilizar as duas lapidares equações pignatarianas.

Trata-se, nessa acepção, de textos marginais de autores marginais em relação à estrada oficial das letras, mesmo que, como no caso de Flaubert, Joyce ou Butor, tenham estes, em algum ponto do caminho, passado a figurar no rol dos nomes consagrados da literatura. Pois ninguém há de negar que *Bouvard et Pécuchet*, *Finnegans Wake* ou *Mobile* constituam desenvolvimentos imprevistos, desvios arriscados dentro do percurso já por si revolucionário dos seus autores — "musica reservata" diante de outras criações menos resistentes à compreensão, como *Madame Bovary*, *Ulysses* ou *La Modification*, respectivamente, por difícil que haja sido a aceitação destas mesmas obras comparativamente mais assimiláveis. "Distinctions in shade." Procuro, pois, a margem da margem. E é isso o que me permite reunir tão diversa e dispersa matéria nesta nova viagem interliterária que proponho, após *O Anticrítico* e *Linguaviagem*.

O livro começa e termina com Flaubert. *Copions*. Como digo em "O Flaubert que Faz Falta", esse último Flaubert, fragmentário e corrosivo, tem a ver com os últimos Mallarmé, Joyce e Duchamp e é, portanto, atualíssimo, na sua implacável disposição crítica, levada ao limite. Que me seja permitido fechar o círculo vicioso de sua funda e fundamental ironia com a anti-homenagem que fiz, sob sua invocação e a de Whistler, à *poesia concreta*, em 1976, através da constelação de algumas críticas adversas: um ramal da "gentle art of making enemies", que não deseja acirrar ânimos — até porque alguns "inimigos" de outrora são hoje meus amigos — mas quer, simplesmente, registrar, explicitando por sinais negativos uma presença incômoda, irritante, porque nova. O mesmo propósito e o mesmo espírito tem a transcrição do artigo com que respondi à crítica ao meu poema "Pós-tudo". Eu pretendia, aliás, que algumas páginas do meu "sottisier" acompanhassem o artigo-resposta, quando de sua publicação no "Folhetim", da *Folha de S.Paulo*, mas a editoria do suplemento não quis atender à minha solicitação, naquela oportunidade. Como o crítico entendeu de incluir o seu "negative approach" em livro, nada mais justo e pertinente do que a publicação desta minha "defense of poetry", sem mutilações, no mesmo tipo de veículo literário e pela mesma editora.

Entre um e outro extremos do arco flaubertiano desfilam os personagens principais deste livro, alguns menos conhecidos, como Giuseppe Gioachino Belli, Leonardo Sinisgalli, Louis Zukofsky, Bob Brown ou Ronaldo Azeredo, outros mais, como Khlébnikov ou Pound, vistos sempre de uma perspectiva radical, que põe em foco um Khlébnikov, "borboleta em voo cego", no seu centenário não comemorado, um Pound "made (new) in Brazil" ou os "marginais" Oswald e Pagu de *O Homem do Povo*. Tudo compondo — eu espero — um exemplário de escritores *da margem*, um tanto ao modo da *Anthologie der Abseitigen* (Antologia dos Marginais) em que Carola Giedion-Welcker colecionou poemas de artistas rebelionários como Kurt Schwitters, Hugo Ball, Theo Van Doesburg, Paul Scheerbart.

Dessa margem da margem partem vozes insólitas capazes de perturbar a toada e o coro monótonos ouvidos à passagem dos autores mais acomodatícios e mais digeríveis. Se estes são inevitáveis e dão o tom geral da era, de algumas vozes dissonantes, minoritárias, pode provir, subitamente, uma luminosidade inadvertida que desbanalize o som, vare o marasmo e sacuda o tediário cotidiano.

Augusto de Campos
1988

A'MARGEM DA MARGEM DA EUROPA

O FLAUBERT QUE FAZ FALTA

Tão evidente é a posição de Flaubert no limiar da literatura moderna — Flaubert, o estilista, que elevou a prosa ao nível da arte poética; Flaubert, "o pai da prosa realista", vomitando de convicção, envenenado com o envenenamento de sua personagem, Emma Bovary —, que não me parece justificável reavivar o centenário de sua morte senão através de um Flaubert menos notório, embora espantosamente vivo. Este não é o Flaubert dos frisos históricos — *A Tentação de Santo Antônio* ou *Salambô*. Não é também o de *Madame Bovary* ou *A Educação Sentimental*, por admiráveis que sejam, evidências que são, indiscutíveis, do criador do romance moderno. Não é nem mesmo o de "Um Coração Simples" — o mais perfeito dos impecáveis *Três Contos* — a "palavra justa" de onde saíram as *Três Vidas* de Gertrude Stein. Mas o Flaubert menos estimado de *Bouvard e Pécuchet*, a obra póstuma, publicada em 1881, que desconcertou os seus contemporâneos e que os próprios Mallarmé e Valéry desentenderam, o primeiro vendo no seu tema uma "aberração estranha", o segundo, registrando, lacônico, em seu diário: "livre assez bête".

É este o Flaubert que mais nos faz falta. Uma falta que não é apenas espiritual, mas também material, no caso brasileiro, de vez que a obra, competentemente traduzida por Galeão Coutinho e Augusto Meyer e publicada há muitos anos pela Editora Melhoramentos, nunca mais foi reeditada, distanciando-se, pois, do convívio dos nossos leitores e dos nossos escritores.[1]

(1) Após a publicação deste estudo, a tradução veio a ser reeditada pela Nova Fronteira (1981). Caberia lembrar, no mesmo contexto, a versão parcial, mas pioneira, de Fernando Sabino — "Dicionário das Ideias Feitas, de Gustave Flaubert", em *Lugares Comuns*, do mesmo autor, um dos Cadernos de Cultura, do Serviço de Documentação do Ministério da Educação, de 1952.

Mal compreendido em sua época, menosprezado entre nós como obra pouco relevante, *Bouvard e Pécuchet* esconde atrás desse título apagado e insosso, que sugere o nome comercial de alguma firma, o mais ambicioso projeto de Flaubert, o seu "testamento", a sua "vingança moral", enfim, o que ele chamou de "enciclopédia crítica à maneira de farsa", ou mais cruamente, de "enciclopédia da estupidez humana". De todos os seus textos é o que mais aponta para o futuro e para o nosso tempo. Sobre ele convergiu a atenção de dois dos maiores criadores da literatura do século XX, Ezra Pound e Jorge Luis Borges. E é para ele que, a despeito da hostilidade de Sartre, parece dirigir-se a nova crítica francesa, de Roland Barthes a Philippe Sollers, admirada um tanto retardatariamente e precedida, como sempre, por um poeta, Raymond Queneau, com seu prefácio de 1947 a uma edição de *Bouvard e Pécuchet*, incluído na primeira edição de *Bâtons, Chiffres et Lettres* (1950).

Já em 1922, ano da publicação de *Ulisses* e o primeiro a contar do centenário do nascimento de Flaubert, o norte-americano Ezra Pound publicava, em francês, na revista *Mercure de France*, o seu estudo pioneiro, "James Joyce et Pécuchet" — jamais referido pelos flaubertistas franceses —, estabelecendo o nexo crucial entre a derradeira obra de Flaubert e aquela que seria o marco divisório do romance contemporâneo, o *Ulisses* de Joyce. Em seu trabalho, Pound avançava uma tese atrevida: "Se bem que *Bouvard e Pécuchet* não passe pela 'melhor coisa' do mestre, pode-se sustentar que *Bovary* e *A Educação* não são mais que o apogeu de uma forma anterior; e que os *Três Contos* perfazem uma espécie de sumário de tudo o que Flaubert havia conquistado escrevendo os seus outros romances *Salambô*, *Bovary*, *A Educação* e as primeiras versões de *Santo Antônio*". E concluía: "*Bouvard e Pécuchet* continua o pensamento e a arte flaubertianos, mas não continua essa tradição do romance ou do conto. Pode-se vislumbrar na 'Enciclopédia crítica em farsa', que tem como subtítulo 'Defeito de método nas ciências', a inauguração de uma forma nova, uma forma que não teve precedente. Nem *Gargântua*, nem *Dom Quixote*, nem *Tristram Shandy* lhe forneceram o arquétipo".

Trinta e dois anos mais tarde, em 1954, o jornal argentino *La Nación* estampava dois artigos de um escritor que o mundo ainda não conhecia, porque a França ainda mal o conhecia: Jorge Luis Borges fazia a defesa de Flaubert e de sua última obra em "Reivindicação de *Bouvard et Pécuchet*" e "Flaubert e seu Destino Exemplar". No primeiro desses artigos, depois incluídos no livro *Discusión* (1957), afirmava: "As negligências, os desdéns ou liberdades do último Flaubert desconcertaram os críticos; creio ver nelas um símbolo. O homem que com *Madame Bovary* forjou o romance realista foi também o primeiro a rompê-lo". No segundo, vinculava ao "destino exemplar" do romancista o de Mallarmé (cujo epigrama "o propósito do mundo é um livro" teria fixado uma convicção de Flaubert) e "o do intrincado e quase infinito irlandês que teceu o *Ulisses*".

Mas o que vem a ser, afinal, esta obra que une Pound e Borges em comum admiração e que a eles se afigura tão revolucionária? Depois de advertir que a história de Bouvard e Pécuchet é enganosamente simples, assim a resume Borges: "Dois copistas (cuja idade, como a de Alonso Quijano — o Quixote — se acerca dos cinquenta anos) travam estreita amizade; uma herança lhes permite deixar o emprego e fixar-se no campo; aí ensaiam a agronomia, a jardinagem, a fabricação de conservas, a anatomia, a arqueologia, a história, a mnemônica, a literatura, a hidroterapia, o espiritismo, a ginástica, a pedagogia, a veterinária, a filosofia e a religião; cada uma dessas disciplinas heterogêneas lhes reserva um fracasso; ao cabo de vinte ou trinta anos, desencantados (a 'ação' não ocorre no tempo mas na eternidade), encomendam ao carpinteiro uma escrivaninha dupla e se põem a copiar como antes".

Estes últimos fatos não chegaram a ser narrados num capítulo: estão registrados em diversos resumos ou planos encontrados entre os papéis do escritor. A obra ficou inconclusa. Aos projetos do último capítulo se adicionam oito manuscritos com 2186 folhas, hoje guardados na Biblioteca de Ruão. Constituem aquilo que Maupassant chamou de "Sottisier" (traduzo: *Tolicionário*) e pertencem ao segundo tomo de *Bouvard e Pécuchet*, conforme atesta uma carta de Flaubert, de 1880: "meu segundo volume já tem três quartos prontos e será quase todo composto de citações".

As edições de *Bouvard e Pécuchet* costumam trazer, além de um esboço do capítulo final, a parte mais ordenada dos manuscritos — o *Dicionário das Ideias Feitas* — acompanhada de um reduzido *Catálogo de Ideias Chiques* e de uma pequena mostra das citações recolhidas por Flaubert. Assim também a edição brasileira.[2] Hoje, porém, conhece-se melhor o *dossier* do segundo volume da obra. Geneviève Bollème, que publicou, em 1963, uma bela antologia da correspondência de Flaubert — *Préface à la Vie d'Écrivain* — e, em 1964, um estudo global — *La Leçon de Flaubert* —, nos daria dois anos depois, em *Le Second Volume de Bouvard et Pécuchet*, um inventário completo dos documentos reunidos pelo escritor para a sua "Enciclopédia".

Em suas anotações, esclarece Flaubert como pretendia que terminasse o primeiro volume de *Bouvard e Pécuchet* e o que deveria ser o segundo. Os dois amigos, que antes acreditavam nos ensinamentos dos livros e dos tratados, a tal ponto se desiludem, que passam a copiar, ao acaso, tudo o que encontram: manuscritos ou impressos, velhos recortes de jornal, anúncios, livros rasgados, cartazes, cartas. Depois de muito copiarem, sentem a necessidade de uma classificação. Ordenam, pois, o seu trabalho, colocando sob rubricas as citações, de acordo com o estilo (médico, agrícola, literário, político, oficial etc.). Elaboram o *Dicionário* e o *Catálogo* já referidos. Um dia cai-lhes nas mãos o fragmento de uma carta escrita pelo médico local ao prefeito — um relatório confidencial explicando que Bouvard e Pécuchet são dois imbecis inofensivos. "Que fazer?" — indagam um ao outro. "Nada de reflexões. Copiemos." Flaubert registra: "O monumento se completa. Igualdade de tudo. Do bem e do mal. Do belo e do feio. Terminar pela visão dos dois simplórios debruçados sobre a escrivaninha, copiando".

Na correspondência do escritor — uma admirável estética fragmentária — há numerosas referências ao *Dicionário das Ideias Feitas* e ao seu "prefácio" (que seria todo um livro). Trata-se de antigo projeto, a que ele já alude, aos 28 anos, em setembro de 1850, numa carta a Louis Bouilhet, e que seria completado pela documentação extensiva do "Sottisier", como mais tarde ficou esclarecido. Ao prefácio-livro, que se deduz seja *Bouvard e Pécuchet*, seguir-se-ia, pois, o segundo tomo, que compreenderia, além do

(2) Nesta, o *Catalogue des Idées Chic* vem traduzido como "Catálogo das Ideias Convencionais".

16

Dicionário, um repositório de citações de autores anônimos, desconhecidos ou célebres, unidos pelo denominador comum da tolice. Um dicionário de frases feitas, embutido num tolicionário documental enciclopédico. O autor desapareceria: "Seria necessário que, em todo o livro, não houvesse uma só palavra de minha autoria e que depois de lê-lo as pessoas não ousassem mais falar com medo de dizer instintivamente uma das frases que lá se encontram" (carta a Louise Colet, dezembro de 1852).

Tal projeto nutriu e atormentou o pensamento de Flaubert por toda a sua vida. "É preciso estar louco e triplamente frenético para empreender um livro como esse!", exclama numa carta de 1872 a Mme. Roger des Genettes, com as mesmas dúvidas que fariam Mallarmé indagar a Valéry, em 1897, a propósito de *Um Lance de Dados*: "Não lhe parece um ato de loucura?". Ainda em 1872, ano em que inicia os preparativos de *Bouvard e Pécuchet*, confidencia à sua sobrinha Caroline que o plano do livro lhe parece "soberbo", mas que é "um empreendimento esmagador e *espantoso*". A Mme. des Genettes afirma que, "nesse tempo de avacalhamento universal", medita numa coisa em que exalará a sua cólera. "Vomitarei sobre meus contemporâneos o desgosto que eles me inspiram, ainda que tenha que romper o meu peito." A Turguêniev desabafa: "A estupidez pública me submerge" e anuncia a preparação desse livro onde vai "cuspir sua bile", ou, como repete a seguir a George Sand, "cuspir o fel que o sufoca", "purgar-se". Mas tal como ocorrera com *Madame Bovary*, quando, ao descrever o envenenamento de Emma, um imaginário gosto de arsênico na boca o leva a vomitar, aqui o seu envolvimento é também total. "Este livro é diabólico! Tenho medo de ter o cérebro esgotado... a estupidez dos meus dois simplórios me invade", escreve à sobrinha, em 1874. E a George Sand, no mesmo ano: "É preciso estar absolutamente louco para empreender um tal livro. Temo que ele seja, por sua própria concepção, radicalmente impossível". Por outro lado: "Se eu conseguir, será, falando seriamente, o ápice da Arte". No ano seguinte, volta ao tema. A George Sand: "Empreendi um livro insensato". A Mme. des Genettes: "Bouvard e Pécuchet me obcecam a tal ponto que eu me transformei neles! Sua estupidez é a minha e eu morro dela". Em 1877 retoma o projeto, interrompido desde abril de 1875. "Creio que ainda não se tentou o cômico de ideias", observa, mais ameno, à sua interlocutora. A Zola explica: "Ele não terá significado a não ser por seu conjunto. Nenhum *trecho*, nada de brilhante, e sempre a mesma situação, cujos aspectos é preciso variar". A Mme. Brainne: "O meu objetivo (secreto): aturdir o leitor de tal forma que ele enlouquecerá. Mas meu objetivo não será alcançado, pela simples razão de que o leitor não me lerá; terá adormecido desde o começo". No ano derradeiro, escreverá a Mme. des Genettes: "Sabe a quanto montam os volumes que tive que absorver para os meus dois simplórios? A mais de 1500! Meu *dossier* de notas tem oito polegadas de altura". Flaubert, que chegara a duvidar da possibilidade do projeto, duvida também da sua comunicabilidade. "Será ele ao menos legível?", interroga a Zola em 1878. E confia a Auguste Sabatier: "O que eu faço talvez não tenha nome em nenhuma língua".

Se *Bouvard e Pécuchet* já desconcerta pela neutralidade da linguagem, sem qualquer brilho aparente, pelo anti-heroísmo dos personagens, e pela reiteração dos movimentos, sucessos e fracassos, o *Dicionário* sequestra em definitivo a ação e os personagens e nos põe em contato direto com o tema da imbecilidade (que ambiguamente confunde leitor, autor e personagens, fictícios colecionadores dos verbetes). Exemplos: BUDISMO — "Falsa religião da Índia" (Definição do Dicionário Bouillet). CATOLICISMO — Teve uma influência muito favorável sobre as artes. HOMERO — Nunca existiu. Célebre pelo seu jeito de rir. "Um riso homérico." TRABALHADOR — Sempre honesto, quando não provoca tumultos. TROVADOR — Bom tema para um relógio de pêndulo. LOURAS — Mais quentes que as morenas (Vide Morenas). MORENAS — Mais quentes que as louras (Vide Louras). NEGRAS — Mais quentes que as brancas (Vide Morenas e Louras). RUIVAS — Vide Louras, Morenas e Negras. Mas, ainda aqui, há a mão do escritor, redigindo os verbetes que atribui à elaboração dos dois simplórios, que se desimbecilizam, se flaubertizam, à medida que, segundo o próprio Flaubert, desenvolvem "uma faculdade lamentável", a de "ver a estupidez e não a tolerar mais".

No "Sottisier", nem essa forma de intervenção é permitida. É um texto entre aspas. Somente citações, pedras de toque da tolice humana, a que não se furtam nem mesmo aqueles que Flaubert mais admira, como Voltaire. Tolices conceituais. Opiniões a respeito de "grandes homens". Sobre Galileu: "Se ele tivesse escrito apenas em língua latina, em vez de inflamar os espíritos em língua vulgar, nada lhe teria acontecido" (De Maistre). Sobre Dante: "Todo o Dante é uma moxinifada" (Chandon). Sobre Shakespeare: "O próprio Shakespeare, grosseiro como era, não deixava de possuir suas leituras e seus conhecimentos" (La Harpe). "Esse idiota do Shakespeare!" (Voltaire). Nessa linha, em *A Arte Gentil de Fazer Inimigos* (1890), o pintor Whistler compilaria um "tolicionário" da crítica à sua obra, *O Sr. Whistler e seus Críticos — Um Catálogo*, com esta epígrafe: "Julgai-os pelo que sai de suas bocas". Tolices da linguagem. Estilo literário: "Eu polia deliciosamente meu sapato esquerdo sobre o qual deixei tombar uma lágrima de arrependimento" (X. de Maistre). Joias da imprensa: "Opõe às tempestades da vida o guarda-chuva da indiferença e sustém as calças do triste presente com os suspensórios de um mais risonho porvir" (*Le Figaro*). Estilo científico: "As mulheres do Egito se prostituíam publicamente aos crocodilos" (Proudhon). Etc. Etc. Etc. Ad infinitum.

Ezra Pound vê sobretudo na segunda parte de *Bouvard e Pécuchet* (o "Dicionário" e o Álbum ou "Sottisier") a ligação entre Flaubert e Joyce: "De 1880 ao ano em que foi começado o *Ulisses* ninguém teve a coragem de fazer o 'sottisier' gigantesco, nem a paciência de investigar o homem-tipo, a generalização mais geral". Joyce — no entender de Pound — completou o grande "tolicionário": "Num só capítulo ele descarrega todos os clichês da língua inglesa, como um rio ininterrupto. Num outro capítulo, enfeixa toda a história da expressão verbal inglesa, desde os primeiros versos aliterados (é o capítulo no hospital onde se espera o parto da senhora Purefoy). Em um outro, temos as manchetes do *Freeman's Journal* desde 1760, isto é, a história do jornalismo; e ele faz tudo isso sem interromper o curso de seu livro". Joyce, em suma, teria reencetado o processo iniciado em *Bouvard e Pécuchet*, levando-o a um grau de maior eficiência, de maior solidez.

Não há como discordar dessa linhagem, que, depois, Queneau e Borges e outros vieram confirmar. Mas penso que se pode olhar o segundo volume de *Bouvard e Pécuchet* de um outro ângulo, com a perspectiva diferenciada que nos dá o centênio que nos separa da obra de Flaubert e o meio século que nos distancia da visada de Pound.

Há um aspecto em que Joyce não supera nem aperfeiçoa o último lance de Flaubert. Tenho para mim que o *culto da impessoalidade*, desenvolvido em *Bovary, Educação Sentimental* e "Um Coração Simples" ("O autor, em sua obra, deve ser como Deus no universo, presente em toda a parte, visível em nenhuma"), levaria, no fim, com a consciência da crise da narrativa e da linguagem, aguçada pelo crescente ceticismo, de Flaubert, ao *culto da impersonalidade*, em *Bouvard e Pécuchet*, e, em seguida, radicalizado o processo ao extremo limite, ao *culto da despersonalidade* que emerge no segundo volume. Se — como observou Queneau — em *Bouvard e Pécuchet* é o acaso que frequentemente governa a sucessão dos episódios, e se — acrescento —, nessa obra, personagens se convertem em despersonagens, heróis em anti-heróis, ao passo que o estilo se desestila e se neutraliza, no segundo tomo o autor se retira de vez. O escritor desescreve. E a frase, que, segundo o próprio Flaubert, era a única aventura de sua vida "chata e tranquila", se desfaz nas frases feitas das *Ideias Aceitas* e no bestialógico das citações: o *tolicionário*, a *tolicitação*. Frases desfeitas. "Há alguém mais estúpido que um idiota, é todo mundo." Nesse sentido, o segundo volume é até mais radical, em sua recusa à escritura, que o próprio *Ulisses*.

HCE: Here Comes Everybody (Aqui Vem Todomundo), assim batizaria James Joyce, depois do *Ulisses*, a despersonagem arquetípica de todos os homens de um outro livro-sem-fim, o *Finnegans Wake*, introjetando a crise da linguagem no mundo do inconsciente. Mas, percorrendo caminho inverso do de Flaubert, criaria uma linguagem personalíssima, um refinado idioleto para capsular em "lapsus linguae" translinguísticos o inconsciente coletivo. O segundo volume permaneceria, ainda uma vez, intacto. Um caso-limite.

O "grau zero da escrita" de Flaubert, nesses não-textos, leva, antes, sem continuidade literária, ao mecanismo plástico da "colagem" e ao gesto anárquico de Duchamp, renunciando a toda a pintura retiniana e se apropriando dos "readymade" — do vaso sanitário, promovido a *Fonte*, à Mona Lisa com bigodes e, depois, sem bigodes, desnudada pelos nossos olhos, mesmo. Ou, sem a nota do pessimismo, às humoradas intervenções do acaso na música e nos textos de John Cage — o autor, aqui, se retira para, despessoalizando-se, evitar qualquer imposição do ego e deixar que atue o processo da natureza. "Poder-se-ia afirmar", diz Maurice Nadeau, "que Flaubert, admirador do Oriente, com seu Buda de porcelana sempre à vista sobre sua mesa de trabalho, tenha querido que a humanidade, com *Bouvard e Pécuchet*, seguisse um tratamento de modéstia no estilo zen." Em sua inviabilidade mesma, o livro nos propõe um *koan*, uma anedota exemplar, como a parábola tautológica de Borges, na "persona" de Pierre Menard, reescrevendo o *Quixote*, vírgula a vírgula, "sem uma palavra de sua autoria".

Num outro plano, situa-se, na implícita postulação de uma revisão crítica da linguagem, a partir de zero, ao lado de "Le Livre", que Mallarmé sonhou, mas não chegou a realizar, e que teve também um prefácio-livro, *Um Lance de Dados*, em 1897. Como colocou Jean-Jacques Brochier, numa pergunta que Barthes deixou sem resposta: "*Bouvard e Pécuchet* não é um pouco, da parte de Flaubert, a mesma tentativa, embora invertida, do *Livre à Venir* de Mallarmé? Flaubert quer que depois de *Bouvard e Pécuchet* ninguém mais ouse escrever. Mallarmé aspira a fazer o livro que contenha todos os livros possíveis". À mallarmaica "crise do verso" corresponderia, sem dúvida, uma crise maior, da linguagem, que a prosa-limite do segundo tomo patenteia. Dela defluiria também a prosa-sem-estória de Gertrude Stein, confessadamente influenciada por Flaubert ("Tudo o que fiz foi influenciado por Flaubert e Cézanne"). A escrita não representativa. O presente contínuo. A linguagem redundante. Uma rosa é uma rosa é uma rosa.

Testamento ou maldição, obra inclassificável, que enerva, arrasa, chateia e às vezes faz sorrir, *Bouvard e Pécuchet*, com o necessário complemento do *Dicionário* e do "Sottisier", ainda nos desafia e nos questiona, cem anos depois. Um livro aberto, mais do que inacabado, inacabável, e a todo momento adicionado, coletivamente, de novos capítulos. Entre nós, não há o paradoxo de uma denominada "História da Inteligência Brasileira", cujos conceitos poderiam dar muitos tomos ao "Tolicionário"?

Mas mesmo valores mais altos lhe prestam inconsciente tributo. Ao folhearmos os três enormes (e caríssimos) volumes do estudo que Sartre vinha dedicando a Flaubert, *O Idiota da Família* — um "bebê monstro", como o chamou Vargas Llosa, 2800 páginas que não chegam a ultrapassar o ano de 1857 —, nos defrontamos, no início do terceiro volume, com esta frase, estilo relatório clínico: "Temos examinado a neurose de Flaubert [...]". Impossível deixar de pensar no "Dicionário". Lá está: "GÊNIO — Inútil admirá-lo. É uma neurose".

(1980)

A PROSA É "MOBILE"

I

Mobile, de Michel Butor, mais do que qualquer outra produção do chamado "nouveau roman", parece pôr em xeque a sobrevivência do romance, como tal, em nossos dias. É que o "novo romance", na forma como vem sendo, em geral, praticado — por um Alain Robbe-Grillet, por exemplo —, se de algum modo contribui para a dissolvência do gênero, vinculando-se à linhagem dos antirromances por uma espécie de pulverização do assunto, à base de repetições e redundâncias ad infinitum, e de uma hipertrofia do acidental e da topicidade, permanece, não obstante, preso a uma estrutura discursiva tradicional e a um módulo formal bem-comportado. É, praticamente, através do tratamento do assunto e de um único procedimento formal — a repetição — que se busca superar o tempo e o espaço narrativos do "velho romance". O resultado de uma atitude assim unilateral não poderia deixar de implicar um reformismo antes que uma revolução. Exatamente como sucedeu ao surrealismo em poesia. Não foi outra a razão por que Décio Pignatari, nos debates que se seguiram à conferência proferida por Robbe-Grillet, em setembro de 1962, na Faculdade de Filosofia, Ciências e Letras de São Paulo, observou ao escritor francês que o chamado "nouveau roman" lhe parecia mais propriamente um pré-"nouveau roman" e que seria impossível colocar o problema do novo romance sem colocar o problema da prosa, melhor ainda, do texto.

Em *Mobile*, porém, defrontamo-nos com uma experiência radical, no sentido de que também a estrutura formal do texto é envolvida na postulação implícita de uma nova prosa. Esta a grande tradição revolucionária da prosa de vanguarda, que em nosso tempo encontra em James Joyce (*Ulisses, Finnegans Wake*) um mestre quase sem continuadores. Curioso é que essa experiência de Butor parece ligar-se, também, a toda uma linhagem de poesia de vanguarda, justamente aquela a partir da qual se erigiu a construção da *poesia concreta* brasileira: Mallarmé, Pound, cummings. Mais até do que Joyce — pois em *Mobile*, a bem dizer, não há perturbações léxicas ou sintáticas — são Mallarmé e Pound as principais fontes inspiradoras da técnica posta em prática por Butor. Do *Lance de Dados* de Mallarmé provém a fisionomia gráfica do livro, com os seus largos espaços em branco, o jogo dos corpos tipográficos — redondos ou grifos, maiores ou menores, em caixa alta ou baixa — e, mesmo, certos temas evocativos do mar e das constelações. Dos *Cantos* de Pound extraiu Butor, especialmente, o "método ideogrâmico", a montagem de eventos e citações do presente e do passado num vasto ideograma cultural, circunscrito, no caso, aos Estados Unidos. O próprio Butor compara, elucidativamente, a composição do seu texto a uma colcha de retalhos ("Ce 'Mobile' est composé un peu comme un 'quilt'", p. 29), imagem que serviria à maravilha para descrever o modelo poundiano, tantas vezes assimilado à técnica das "collages" ou dos mosaicos. De Mallarmé, Joyce e Pound procede a ideia da estrutura musical, das fugas e contrapontos temáticos.

É preciso que se diga que as aproximações aqui assinaladas nada têm de eventual. Butor é um estudioso competente da obra de Joyce e de Pound. *Répertoire*,[1] coletânea de estudos e conferências de Butor, contém excelentes trabalhos sobre o grande romancista irlandês: "Petite croisière préliminaire à une reconnaissance de l'archipel Joyce" (1948) e "Esquisse d'un seuil pour Finnegan" (1957).[2] Aí encontramos, também, ligeiramente refundido, o estudo que Butor publicara na revista *Critique* (nº 106,

---

[1] *Répertoire — Études et conférences, 1948-1959*. Paris, Minuit, 1960.
[2] Este estudo já aparecera, na *Nouvelle Revue Française*, de 1º/12/57, juntamente com uma tradução de fragmentos do *Finnegans Wake*, de André du Bouchet. Recentemente, foi reproduzido em livro autônomo — *James Joyce — Finnegans Wake*, Paris, Gallimard, 1962 —, precedendo as traduções do mesmo Bouchet, consideravelmente ampliadas e acrescidas da versão de "Anna Livia Plurabelle" por Philippe Souppault e outros, em colaboração com o próprio Joyce.

março de 1956): "La Tentative Poétique d'Ezra Pound". Neste trabalho, reivindicando para Pound um lugar entre os maiores poetas de nossa época e fazendo um balanço compreensivo da obra do genial escritor norte-americano, termina por afirmar que "os *Cantos* indicam uma direção totalmente diferente, na qual a poesia atual, mais cedo ou mais tarde, de um ou de outro modo, não pode deixar de engajar-se".[3] Butor descreve os "Cantos Pisanos" como "uma espécie de diário poético, de organização musical da sucessão das frases que atravessam o espírito de Pound". O mesmo se poderia dizer, mutatis mutandis, do seu *Mobile*. Há, na verdade, uma diferença de gradação entre os processos estruturais dos *Cantos* e de *Mobile*, para a qual contribui, certamente, o fato de se situarem as duas obras em campos distintos — no da poesia, a primeira, no da prosa, a segunda, sem embargo da rarefação dos limites de um e de outro e até da sua interpenetração em tais obras. As montagens de Pound são extremamente sintéticas, chegando em certos pontos (a partir dos "Cantos Pisanos", em particular) a um laconismo referencial que, muitas vezes, demanda um trabalho de pesquisa de fontes para o seu completo entendimento. Já Butor propicia trechos suficientemente longos para serem compreendidos de imediato, a despeito dos seccionamentos do texto e da interferência de outros blocos de ideias; a ordem de sucessão dos fragmentos é mais mecânica; as fontes das citações são identificadas no curso da narração. Ganha, assim, Butor, em clareza e simetria, perdendo, em contrapartida, em intensidade e colorido. A presença de Mallarmé não é, também, produto do acaso. Num ensaio recente, "Le Livre comme Objet",[4] procura Butor fazer um levantamento dos textos visuais, na prosa (Rabelais, Sterne, Lewis Carroll) e na poesia (da *Syrinx* de Teócrito, passando pelas "asas" ou o "altar" de George Herbert e pela

(3) Caberia anotar, ad marginem, a lucidez com que Butor equaciona o "affair" político de Pound, que tem servido de pretexto às mais farisaicas tentativas de denegrimento da sua obra literária por certos "profiteurs" do obscurantismo cultural que sequer se dão ao trabalho de lê-la. Diz Butor, a propósito do conceito poundiano da "usura": "Há, certamente, nessa tese uma grande verdade, que se evidencia imediatamente desde que se dê à palavra 'usura' o seu equivalente moderno, o capitalismo; lamentavelmente, a reflexão de Pound muda de direção e suas teorias econômicas têm qualquer coisa de derrisório. O admirável é que ele tenha conseguido captar poeticamente o fenômeno da perversão da economia".

(4) Em *Critique*, nº 186, novembro de 1962, pp. 929-46.

"garrafa" de Rabelais, até os modernos "calligrammes" de Apollinaire e os losangos de Dylan Thomas). Nesse quadro, a que não falta a análise de experiências não literárias, como o cartaz, o anúncio de jornal, os dicionários e os catálogos, o *Lance de Dados*, de Mallarmé, é estudado com especial atenção. Butor examina vários problemas relacionados com a organização visual do texto, tais como o uso de direções horizontais ou verticais, a disposição dos vocábulos, os caracteres tipográficos e a figuração; e fala, inclusive, da possibilidade "de introduzir no texto novas tensões, aquelas mesmas que experimentamos frequentemente, hoje, em nossas cidades cobertas de slogans, de títulos e de anúncios, cheias de ruídos de canções e de discursos esparsos, quando uma circunstância oculta brutalmente o que lemos ou escutamos".

Trata-se, pois, de influências conscientes, perfeitamente assimiladas, e que em nada diminuem, ao contrário, investem de plena lucidez a experiência de Butor, que soube extrair dessa tradição viva, coerentemente levantada, uma consequência exata e uma criação nova. Nem outra coisa se poderia esperar de um escritor empenhado, como ele, no "romance como pesquisa", e para quem — conforme se lê em *Répertoire* — "o trabalho sobre a forma no romance se reveste desde logo de uma importância de primeiro plano"; para quem "a invenção formal no romance, longe de se opor ao realismo, como o imagina tantas vezes uma crítica de visão curta, é a condição sine qua non de um realismo mais avançado"; para quem, finalmente, "toda verdadeira transformação da forma romanesca, toda pesquisa fecunda nesse domínio só se pode situar no interior de uma transformação da própria noção do romance, que evolui muito lenta mas inevitavelmente (todas as grandes obras romanescas do século xx aí estão para atestá-lo) para uma espécie nova de poesia a um tempo épica e didática". Seu *Mobile* é a primeira tentativa consequente no sentido de levar a prosa francesa contemporânea para essa direção.

Mobile, que tem como subtítulo a anotação "estudo para uma representação dos Estados Unidos", foi instigado, ao que se sabe, por uma viagem de Butor a esse país. Longe está, contudo, de assumir as características de uma reportagem ou de um relato de viagem, tampouco o de um diário pessoal. Nesse sentido, se distingue nitidamente de *Eimi*, o diário de viagem de e. e. cummings à URSS, não obstante as afinidades que se possam lobrigar, aqui e ali, entre obras de uma mesma família experimental, como essas. A poesia espacial de cummings nos parece ter muito mais a ver com a tentativa de Butor. *Mobile* é, efetivamente, uma representação dos EUA, uma imagem ideogrâmica desse prodígio-avatar do mundo capitalista e seu impacto sobre o escritor. No pórtico do livro, dedicado à memória do pintor Jackson Pollock, um mapa sucinto dos EUA, contendo apenas os traços divisórios dos estados da federação e os seus nomes abreviados, serve de roteiro a essa viagem acronológica, ele mesmo uma colcha de retalhos, um "quilt" fisionômico-geográfico da nação americana. Se a imagem da colcha de retalhos, alvitrada pelo próprio Butor, fornece uma boa chave para a penetração das técnicas compositivas do texto e para a apreensão do seu tipo especial de comunicabilidade, não menos importante é o enfocamento que já sugere o título do livro, evocativo da obra de Calder, como a indicar, desde logo, a rejeição de toda a fixidez ou rigidez narrativa em prol de uma ideia de "moto perpetuo", de obra aberta, em oposição à tradicional obra fechada e capitulada em compartimentos lógico--discursivos. Numa entrevista concedida ao escritor Osman Lins,[5] referindo-se ao livro, então em preparo, manifestou Butor o desejo de "construí-lo um pouco à maneira dos móbiles de Calder, não obedecendo, portanto, a uma ordem cronológica, sendo a sua ordem, se existir, desmontável, passível de modificação". Aí está, com efeito, outra chave para o entendimento da construção estrutural de *Mobile*.

Ao iniciar uma série de artigos sobre os EUA, escritos entre 1945 e 1946, dizia Sartre: "Como falar sobre 135 milhões de americanos? Seria preciso ter vivido dez anos aqui e ficaremos apenas seis semanas. Depositam-nos em uma cidade onde captamos alguns detalhes, ontem Baltimore, hoje Knoxville, depois de amanhã Nova Orleans, e em seguida partimos, depois de haver admirado a maior usina ou a maior ponte ou a maior barragem do mundo, a cabeça cheia de números e de estatísticas". Sobre as ci-

---

(5) Osman Lins, "Conversa com Michel Butor", "Suplemento Literário" de *O Estado de S. Paulo* (10/2/62).

dades da América afirmaria num outro artigo dessa época: "Sem dúvida, elas se parecem umas com as outras. E é uma decepção, quando se chega em Wichita, em Saint Louis, em Albuquerque, em Memphis, verificar que, por detrás desses nomes magníficos e prometedores, se oculta a mesma cidade standard, em tabuleiro, com os mesmos sinais vermelhos e verdes que dirigem o tráfego e o mesmo ar provinciano. Mas se aprende, pouco a pouco, a distingui-las: Chicago, nobre e sinistra, cor do sangue que escorre em seus matadouros, com seus canais, a água cinza do lago Michigan e suas ruas esmagadas entre os edifícios atarracados e poderosos, em nada se parece com São Francisco, cidade aérea, marinha, suja, construída em anfiteatro".[6]

Na representação butoriana, tem-se, a princípio, essa mesma impressão de platitude estatística, de equivalência cenográfica da paisagem, permutável, sempre igual, em contraste com a variedade criativa dos nomes das cidades e estados, dispostos constelarmente por todo o livro. Essa perspectiva do visitante, tão bem expressa por Sartre, terá possivelmente escapado ao comentarista da *Time* (20/7/62), quando, num apanhado geral do "nouveau roman", afirma que "a derradeira técnica de Butor produziu *Mobile*, um relato indescritivelmente chato dos cinquenta estados dos EUA, apresentado sob a forma de extravagantes compilações de catálogos, e excentricidades tipográficas que devem algo a John dos Passos e e. e. cummings". É claro que há muitas outras coisas no livro de Butor — além de sua visão decididamente pouco turística — que podem não ter agradado à *Time*. Mas fiquemos, por enquanto, nas cidades.

II

É difícil, à impossibilidade de fazer transcrições na sua disposição gráfica original, dar uma ideia do que seja *Mobile*. Pois este livro participa, como raras obras em prosa, da categoria dos *textos visuais*, expressão com que Elisabeth Walther denomina aqueles

---

(6) Jean-Paul Sartre, "Individualisme et Conformisme aux États-Unis" e "Villes d'Amérique", in *Situations III*. Paris, Gallimard, 1949, pp. 75 e 109.

textos que "não apenas em princípio, mas também em sua realização mesma, não podem ser separados de sua tipografia", ou ainda, como elucida Max Bense, "textos que, em essência, se desenvolvem de maneira bidimensional, cujo fluxo de signos e de informações deve ser considerado como um acontecimento sobre o plano, não sobre a linha, e que, portanto, precisam ser vistos, observados, para serem percebidos e compreendidos".[7]

Nem se poderá, em poucas linhas, pretender efetuar uma análise cabal de sua estrutura e de sua temática, tão complexas, ou esgotar as múltiplas sugestões que oferecem. Uma delas seria o exame dos pontos de contato da "representação" butoriana com a de um outro visitante dos EUA, o brasileiro Sousândrade, que nos deixou, no "Inferno de Wall Street" (1877), episódio do seu longo poema *O Guesa* ou *Guesa Errante*, um painel ideogrâmico daquele país, na época da irrupção decisiva do capitalismo e da industrialização. Além da técnica de "montagem", de que Sousândrade é um precursor, há fatos e personagens comuns às duas obras. Isto seria, porém, matéria para estudo à parte.

Uma frase solta no espaço brando do papel dá início ao livro: "noite negra em/ CÓRDOVA, ALABAMA, o profundo Sul". Com referências semelhantes a nomes de cidades e estados, relacionadas sempre às horas do dia ou da noite, iniciam-se e findam-se as seções do livro, que se sucedem, sem qualquer cronologia de viagem, interligando-se por critérios meramente formais, como a ordem alfabética dos estados mencionados nos títulos de algumas delas ("BEM-VINDA À CAROLINA DO NORTE", "BEM-VINDA À CAROLINA DO SUL", "BEM-VINDA AO COLORADO", "BEM-VINDA A CONNECTICUT", "BEM-VINDA A DAKOTA DO SUL" etc.) ou as coincidências toponímicas ("BUFFALO, DAKOTA DO NORTE"; "BUFFALO, sobre o lago do Bisão, MINNESOTA", "BUFFALO, MONTANA"; "BUFFALO, sobre o pai dos rios, fronteira de Illinois"; "BUFFALO, DAKOTA DO SUL"). Jogando com as diferenças de horário dentro do território norte-americano, obtém ainda

---

(7) Elisabeth Walther, "Francis Ponge/Analytische Monographie", Stuttgart, 1961; Max Bense, "Programmierung des Schoenen — Aesthetica IV", Baden-Baden und Krefeld, Agis Verlag, 1960 — apud Haroldo de Campos, "Textos Visuais — Francis Ponge: a Aranha e sua Teia", no "Suplemento Literário" de *O Estado de S. Paulo* (7/7/62).

Butor uma variedade de tempos num mesmo momento, o que converge para a ideia de uma apresentação espacial, a-temporística: "Quando são quatro horas em OXFORD" (p. 46) "ainda onze horas em/ HAWAII, o quinquagésimo estado, as ilhas do Pacífico" (p. 47). É como se, realmente, a viagem se desenrolasse sobre um mapa ou "quilt" panorâmico, que os olhos pudessem percorrer, indiferentemente, a partir de qualquer ponto. Por outro lado, a sensação do "moto perpetuo", peças desmontáveis, instabilidade, a estrutura do móbile.

O planejamento gráfico do livro serve para explicitar, funcionalmente, a sua contextura espácio-temporal, de "quilt" e de "móbile". Profusa utilização do branco do papel. Constelações de palavras. Em corpos maiores e em maiúsculas — estrelas de primeira grandeza — os nomes das cidades e estados. Em corpos menores, diversificados entre si pelo uso de grifos, constelações de temas, que se repetem, se perseguem, se criticam uns aos outros, à imagem da fuga musical. Em *Mobile*, esses temas poderiam ser classificados, grosso modo, nestas categorias: *a*) o passado: fragmentos da história norte-americana, com ênfase nos problemas raciais (o extermínio dos peles-vermelhas, a discriminação do negro); *b*) o presente: a atualidade norte-americana, vista através de flashes imagísticos ou da retórica dos catálogos ou prospectos publicitários; *c*) monólogos interiores: do autor; de um casal norte-americano a respeito dos negros; dos racistas brancos do Sul; *d*) momentos de superpoesia: o mar imemorial e intemporal. No plano gráfico, o tema *b* é apresentado em corpo comum; os demais, geralmente, em grifo.

Temos, assim, na faixa histórica, dispersas por todo o livro, largas passagens das "Notas sobre o Estado de Virgínia" (1771--1782), de Thomas Jefferson, em que o futuro presidente dos EUA desenvolve uma teoria pseudocientífica sobre a inferioridade da raça negra. Tais observações, de um deplorável preconceito racial, são postas em confronto com a Declaração da Independência, de autoria do mesmo Jefferson ("Nós temos por evidentes estas verdades: que todos os homens foram criados iguais"), e com excertos do seu discurso, já então como presidente dos EUA, aos chefes da nação Cherokee, pregando a fraternidade entre brancos e peles-

-vermelhas. Desse modo, em justaposições poundianas de ideias que se intercriticam, vão-se sucedendo fragmentos do tratado de William Penn, fundador da Pensilvânia, com os índios Delaware, em 1682; extratos das "Informações para os que quiserem vir para a América", de Benjamin Franklin; trechos do *Evangelho da Riqueza*, do "filantropo" norte-americano Andrew Carnegie (1835--1918), que prega a desigualdade de classes...; longas passagens do Processo de Susanna Martin, condenada por feitiçaria, em Salém, 1692; recortes de jornais de Chicago, dando conta das repercussões da Exposição Nacional realizada naquela cidade, em 1893, em comemoração do quarto centenário da descoberta da América. A par dessa "collage" de citações, surgem pequenas descrições de fatos históricos relacionados aos grupos étnicos exterminados ou marginalizados, no processo da colonização. A liquidação dos índios Seminoles. O trucidamento dos Delaware. A religião do "peyotl". Tudo isso suscitado por uma visita às "reservas" dos índios, doloroso zoo humano, triste museu vivo de uma raça aniquilada: "noite negra em/ DOUGLAS, tempo das montanhas, ARIZONA, faroeste — a reserva dos índios Navajos (os índios dos Estados Unidos, ao todo cerca de 500 mil, vivem, em sua maioria, nas reservas espalhadas por todo o território, onde foram sendo acantonados pouco a pouco durante a ocupação progressiva do país pelo invasor branco. Não seria gentil compará-las a campos de concentração. Seria mesmo um tanto injusto: algumas dessas reservas são turísticas)". Variantes do mesmo tema: os conflitos religiosos, as malventuras do puritanismo, a desencadear outros tipos de opressão: o massacre de 140 emigrantes mórmons em Mountain Meadows, setembro de 1857.

O plano da atualidade é oferecido através de rápidos flashes imagísticos. É, por exemplo, a imagem iterativa do automóvel em curso, variando apenas a marca, a cor, a figura do motorista: "Sobre a rota um Studebaker índigo, dirigido por um Branco (velocidade limitada a 55 milhas)" (p. 22); "Um Oldsmobile branco, dirigido por um jovem Branco muito escuro, de camisa ananás com grãos de café (55 milhas)" (p. 53); "Um Kaiser ananás rutilante, dirigido por uma jovem Negra quase branca de vestido cereja com grão de café (65 milhas)" (p. 61) etc. Notem-

-se as permutações de cor, nestas "tomadas" aparentemente indiferentes, mas que se relacionam, na sua repulsa a um colorido discriminativo, com a temática antirracista do livro. Em contraponto, as descrições quase estatísticas dos pássaros, a partir das pinturas e desenhos originais de John James Audubon (1780- -1815). Imagens da multiplicidade das culturas imiscuem-se no curso da narrativa: são enumerações de jornais em todas as línguas, é a babel das religiões, mutáveis como as marcas de carro ou os sorvetes de fruta que se diversificam de cidade a cidade. E, por toda parte, os signos da técnica moderna: dados estatísticos sobre o número dos quartos dos hotéis, chamadas interurbanas, anúncios de bebidas, títulos de jornais e revistas em letreiros rolantes. Ao lado dessas notações breves, largos extratos de catálogos das grandes lojas: a Sears, Roebuck & Co. ou a Montgomery Ward nos convidam a comprar, por correspondência, desde uma auto-harpa ou uma guitarra estereofônica até um despertador-sonolência, que deixa dormir mais sete minutos antes de acordar de novo até cinco vezes; um filhote de burrico mexicano ou um arsenal de mísseis em plástico; o Livro da Etiqueta, de Emily Post, um Manual de Reparação de Caminhões ou um "método natural para planificar a procriação, aprovado pelos médicos e pelas igrejas". Na mesma faixa dos catálogos atuam os prospectos para turistas, dos quais o principal é o *Freedomland*, parque com a forma dos EUA, em 25 léguas — recriação viva do passado, com mais de quarenta temas autênticos da história norte-americana, onde se é solicitado a assistir, de meia em meia hora, ao Incêndio de Chicago, onde se pode participar da Guerra da Secessão ou de uma viagem espacial...

Butor faz, também, uso abundante dos monólogos interiores. Há os do próprio autor, mas poucos: reflexões sobre a viagem, sobre o racismo, ou sobre o próprio livro. Grande importância temática assumem os de um casal norte-americano que se deita para dormir e devaneia em torno dos seus sentimentos recalcados de atração pelos negros: "Ele é negro" [...] "Muito negro" (p. 21) "Não é? Uma estátua de ébano" (p. 22); "O bico negro, mas de um outro negro, sobre o seio negro" (p. 40); "O negro no interior de seu ventre" (p. 41); "Meu marido dorme a meu lado [...] Ele não conhece meus sonhos" (p. 154);

"Minha mulher dorme a meu lado, eu não lhe contarei meus sonhos. Ela diria... Ela pensaria..." (p. 155) etc. etc. Assim também o monólogo interior dos racistas sulinos: "Mesmo quando eles não têm o ar de negro, eles são negros" [...] "Eles são ainda mais negros que o negro" (p. 105); "Nossas sílabas que eles tornaram negras" (p. 215); "Nossas palavras que eles tornaram negras" (p. 216); "Eles tomaram nossos pianos para tirar deles uma música negra" (p. 216); "Eles nos encantam, nos encadeiam com essa melopeia negra" (p. 216); "Negros eles despem todas as nossas filhas com um olhar melancólico" (p. 224); "Pois esses negros, vocês sabem, não é verdade que eles prefiram nossas mulheres brancas, em verdade são nossas mulheres brancas que..." (p. 265) etc. etc. A projeção exterior desses temas se manifesta através de um processo poundiano de repetições — toda vez que aparece o nome de uma cidade sulina, acompanha-a a expressão discriminatória "for whites only", a princípio por extenso, depois abreviada: "CONCORD, GEÓRGIA, lado atlântico (for whites only)"; "CONCORD, FLÓRIDA (... whites only); "CLINTON, ARKANSAS (... only)". Assim, sem fazer uso de recursos retórico-sentimentais, com a simples presentificação, a nu, do preconceito racial, consegue Butor explicar-lhe a hediondez e a puerilidade, numa espécie de psicanálise da discriminação, que parece conferir com as observações da pena cáustica de Norman Mailer a esse respeito.[8]

Finalmente, as incursões propriamente poéticas. A disposição espacial, as enumerações substantivas, despojadas de todo o ornamento, dão a esses trechos uma feição que muito os aproxima da *poesia concreta* brasileira. É a poesia do mar, com a marca da intemporalidade, a associar-se frequentemente à temática do negro: "La mer,/ l'amer,/ raies,/ mulets,/ nageurs,/ nageuses./ De noir à l'intérieur de son ventre..." (p. 41). A raiz comum, aqui, como nas páginas em que os nomes das constelações se mesclam aos dos estados e cidades, é o Mallarmé do *Lance de Dados*. Há, ainda, a

---

(8) Na sua linguagem desabrida de "hipster", escreve Mailer no "Sixth Advertisement for Myself", espécie de prefácio ao ensaio *The White Negro*: "Can't we have some honesty about what's going on now in the South? Everybody who knows the South knows that the white man fears the sexual potency of the Negro" (Norman Mailer, *Advertisements for Myself*, Signet Book, 1960).

poesia da metrópole, feita de fragmentos de diálogos misturados aos ruídos da noite, já numa pauta quase cummingsiana. Ou os ideogramas crítico-poéticos, como aquela montagem dos nomes de cidades norte-americanas que reproduzem topônimos europeus com o acréscimo do adjetivo "novo": Nova França, Nova Inglaterra, Nova Escócia etc.

A experiência de Butor, ao levar conscientemente para a prosa os procedimentos e o rigor formal da poesia, acaba sendo, além de rica em si mesma, crítica e autocrítica. Pois a própria estilística convencional do "nouveau roman" não pode deixar de ser posta em causa frente a essa obra, que lhe refoge à classificação anacrônico-reformista. Poema-reportagem? Diário poético? Prosapoema? Poemaprosa? Butor faz de sua prosa uma proeza. Sem dúvida, a prosa de ficção já não se pode congelar em catalogações e rótulos arcaicos, que nem a palavra "novo" logra ressuscitar. A prosa é "mobile".

(1963)

OUTRAS PALAVRAS SOBRE FINNEGANS WAKE

Quando James Joyce enviou a Ezra Pound, em 1926, alguns dos primeiros fragmentos da "Obra em Progresso" que viria a dar no *Finnegans Wake* — o enigmático e inclassificável "romance" publicado em 1939 — a reação do autor dos *Cantos*, a cujo entusiasmo e dedicação se devera a publicação de *Ulisses*, foi fria e evasiva: "Tudo o que eu posso fazer é lhe desejar toda a espécie de sucesso. [...] Sem dúvida há almas pacientes, que irão vasculhar qualquer coisa à procura do possível trocadilho... mas... não tendo nenhuma ideia do propósito do autor, se é divertir ou instruir... em suma...". A incompreensão de Pound persistiu ao longo dos anos. Ecos do desentendimento entre esses dois gigantes literários percorrem a correspondência de ambos, trazida à luz pela edição organizada por Forrest Read, *Pound/Joyce — The Letters of Ezra Pound to James Joyce* (Nova York, New Directions, 1970).

Mas Joyce não se deixou desencorajar pelas objeções de Pound (ao qual replicou, obliquamente, com trocadilhos e alusões no próprio *Finnegans Wake*). "É possível que Pound tenha razão", escreveu a Harriet Shaw Weaver, em 1927, "mas eu não posso voltar atrás." Como esclarece Forrest Read, o escritor se defendia das acusações de obscuridade que lhe faziam à época, argumentando: "Uma grande parte da existência dos seres humanos se passa em um estado que não pode ser tornado sensível pelo uso de uma linguagem 'de olhos abertos', uma gramática pré-fabricada e um enredo linear". A ação de *Ulisses* se passa principalmente durante o dia — afirmava ele —, a ação de "Work in Progress" tem lugar à noite. "É natural que as coisas não sejam tão claras à noite, não é?"

Se *Finnegans Wake* jamais alcançou sucesso popular, pode-se constatar, hoje, que, em espaço de tempo relativamente curto, a posteridade lhe assegurou sobrevivência muito maior do que fazia prever o pessimismo de Pound. Certo é que, a meio século daqueles primeiros fragmentos, as "almas pacientes" se vêm multiplicando, em escala imprevista, na perfuração dessa mina de riquezas vocabulares que o gênio irlandês arquitetou.

Sua linguagem de elaborados trocadilhos e palimpsestos verbais, indo ao encontro das teorias freudianas (*O Chiste e sua Relação com o Inconsciente*, 1905), e seu mundo arquetípico, que responde ao "inconsciente coletivo" do universo junguiano, encontram novas ressonâncias, até mesmo — e por incrível que pareça — na área das comunicações de massa. McLuhan, o "profeta da comunicação", fez de Joyce o seu próprio profeta, enxertando seus livros com um mosaico de citações do "incomunicável" *Finnegans Wake* e chegando a adotar, em *War and Peace in the Global Village* (1968), como sinopse da evolução humana, as dez variantes da "fala do trovão", uma palavra de cem letras que recorre, ao longo do *Finnegans Wake*, como prelúdio do tema da "queda" — a queda de Finnegan da escada, à qual se associam as quedas de Adão, de Roma, de Napoleão, de Humpty Dumpty, da maçã de Newton, o "crack" da Bolsa e outros colapsos. Norman O. Brown, cujos livros *Life Against Death* e *Love's Body* integram os catecismos da contracultura dos anos 60, dedicou uma obra inteira, *Closing Time* (1973), à comparação entre Vico e... o Joyce de *Finnegans Wake*. John Cage, que já em 1942 musicara o fragmento "The Wonderful Widow of Eighteen Springs", pertencente ao *Finnegans Wake*, prestou mais recentemente novas homenagens a essa obra. A partir da ideia de extrair do texto o que chama de "mesósticos" (acrósticos montados sobre as letras intermediárias das palavras) com o nome de *James Joyce*, através de operações aleatórias, produziu *Writing through Finnegans Wake* (1977) e *Writing for the Second Time through Finnegans Wake* (1978). E compôs com alguns desses metatextos e mais sons e ruídos também colhidos na mesma obra o *Roaratorio* (rumoratório), *an Irish Circus on Finnegans Wake*, que estreou em 1979. E Cage ainda promete um *Atlas Borealis with the Ten Thunderclaps*, com os dez "trovões" do *Finnegans Wake*, uma obra que, segundo ele espera, provocará nos ouvintes mais a sensação de "ir a uma trovoada" do que "ir a um concerto".

Enquanto isso, no âmbito universitário, prosseguem as pesquisas de sondagem da inesgotável mina do *Finnegans*, seja em monografias detalhistas, seja em publicações especializadas. Aliás, a revista norte-americana *Tri-Quarterly*, um dos redutos joyceanos — outro, mais específico, é a *James Joyce Quarterly* —, devotou o seu nº 38, de 1977, às repercussões mais recentes e ao "revival", "wake" ou "rewake" — ao despertar, ou redespertar, em suma, do interesse da crítica e dos criadores pela derradeira obra de Joyce. Republicado como livro em 1978, sob o título de *In the Wake of the "Wake"*, o material da revista, organizada por David Hayman e Elliott Anderson, é constituído de estudos e textos criativos que testemunham esse interesse ascensional, nas últimas décadas, contando com a colaboração, entre outros, do próprio Hayman e de Samuel Beckett, John Cage, Haroldo de Campos — com o ensaio "Sanscredo latinizado: o *Wake* no Brasil e na América hispânica" —, Arno Schmidt, Philippe Sollers.

Todas essas manifestações vêm atestar a vitalidade e a sedução dessa obra difícil, estranha e aparentemente impenetrável que é o *Finnegans Wake* — uma espécie de história poética, mítica e arquetípica da humanidade, a partir do núcleo familiar constituído por HCE (Here Comes Everybody) e ALP (Ana Lívia Plurabelle) — os pais — e Shem, Shaun e Issy — os filhos —, a que se superpõem ou articulam as demais personagens reais ou imaginárias de todos os tempos, de Adão e Eva a Mutt e Jeff e Alice no País das Maravilhas. Uma "continuarração" exposta, num dilúvio de "lapsus linguae", através de um esquema circular, sob o signo de Vico, que conduz as últimas palavras do livro de volta às primeiras linhas.

Caberia à vanguarda dos anos 50 reconciliar as "obras difíceis" de Pound e Joyce — os *Cantos* e o *Finnegans Wake* — à luz de uma nova concepção poética, derivada da estrutura ideogrâmica da primeira e da apresentação "verbivocovisual" da segunda.

A poeira radioativa da bomba sônica com que o *Finnegans Wake* explodiu, nas fronteiras da poesia, a técnica do romance — para os que pensam, obviamente, o romance-arte, não o romance-

-contador-de-histórias — chegou até nós, desde que foram vertidos para o português alguns fragmentos da "Obra em Progresso", divulgados, na década de 50, no *Jornal do Brasil* ("James Joyce em Finneganscópio"), e mais tarde em livro, sob o título *Panaroma* (Pan-aroma e não Panorama) *do Finnegans Wake* (1ª edição, 1962; 2ª edição, revista e ampliada, da Editora Perspectiva, 1971).[1]

Ela pode ser encontrada até mesmo nos condutos da comunicação de massa, ali introduzida pelo veneno dos poetas e compositores da música dita popular. Arrigo Barnabé musicou o *Jaguadarte*, o "galunfante" (galopante e triunfante) "Jabberwocky" de um Lewis Carroll revisto e reabilitado para adultos pelo optofone vocabular do *Finnegans Wake*. E Caetano Veloso presta indiscutível tributo ao grande irlandês na reverberação ("sexonhei", "orgasmaravalha-me") das suas "Outras palavras".

Não é curiosa essa comunicabilidade — maior, comparativamente, que a do próprio *Ulisses* — que se vem revelando no mais incomunicável dos livros de Joyce? Não terá ele tocado em fontes essenciais da linguagem, ao mergulhar tão fundamente no amálgama poético do texto? De qualquer forma, é preciso repensar o conceito ou preconceito do "difícil". Dizia Valéry: "Meu fácil me enfada. Meu difícil me guia". Ou: "O que é difícil é sempre novo". No pórtico dos anos 80, John Cage não diz outra coisa: "Penso que os artistas do século XX que oferecem uma resistência à nossa compreensão serão aqueles a que não cessaremos de ser reconhecidos. Ao lado de Joyce, há Duchamp. E Satie, cuja obra, ainda que aparentemente simples, não é mais fácil de compreender que a de Webern".

No centenário do nascimento de Joyce, nada melhor do que comemorar, com o novo renascimento do *Finnegans* — "the Wake of the Wake" —, o mais difícil: não o grande escritor que se foi, mas o que vem, ou revém. E, ainda uma vez, aspirar o "panaroma das flores da sua fala".

(1982)

---

[1] Uma nova tiragem da Editora Perspectiva saiu em 1985.

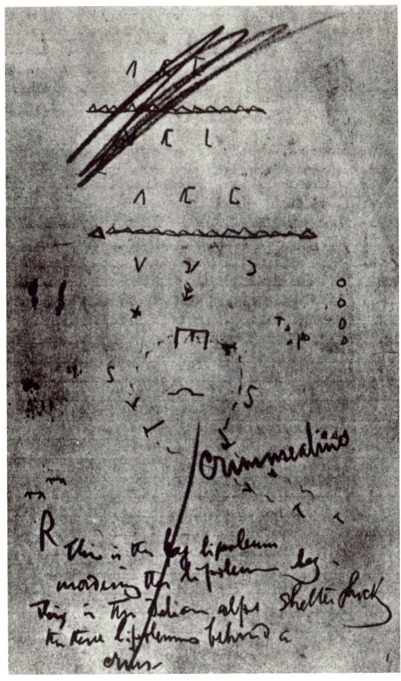

Manuscrito do *FW*, com o diagrama da "Batalha de Waterlouca" (*Battle of Waterloose*), para o capítulo I, i (1926).

Manuscrito do *FW* (pp. 287, 293-5), com o esboço da figura geométrica que simboliza Ana Lívia Plurabelle (ALP).

DOIS FRAGMENTOS DO FINNEGANS WAKE

1

Now open, pet, your lips, pepette, like I used my sweet parted lipsabuss with Dan Holohan of facetious memory taught me after the flannel dance, with the proof of love, up Smock Alley the first night he smelled powder and I coloured beneath my fan, pipetta mia, *when you learned me the linguo to melt. Whowham would have ears like ours, blackhaired! Do you like that, silenzioso? Are you enjoying, this same little me, my life, my love? Why do you like my whisping? Is it not divinely deluscious? But isn't it bufforyou? Misi, misi! Tell me till my thrillme comes! I will not break the seal. I am enjoying it still, I swear I am! Why do you prefer its in these dark nets, if why may ask, my sweetykins? Sh sh! Longears is flying. No, sweetisset, why would that ennoy me? But don't! You want to be slap well slapped for that. Your delighted lips, love, be careful! Mind my duvetyne dress above all! It's golded silvy, the newest sextones with princess effect. For Rutland blue's got out of passion. So, so, my precious! O, I can see the cost, chare! Don't tell me! Why, the boy in sheeps' lane knows that. If I sell whose, dears? Was I sold here' tears? You mean those conversation lozenges? How awful! The bold shame of me! I wouldn't, chickens, not for all the juliettes in the twinkly way! I could snap them when I see them winking at me in bed. I didn't did so, my intended, or was going to or thinking of. Shshsh! Don't start like that, you wretch! I thought ye knew all and more, ye aucthor, to explique to ones the significat of their exsystems with your nieu nivulon lead. It's only another queer fish or other in Brinbrou's damned old trouchorous river again, Gothewishegoths bless us and spare her! And gibos rest from the bosso! Excuse me for swearing, love, I swear to the sorrasims on their trons of Uian I didn't mean to by this alpin armlet! Did you really never in all our cantalang lives speak clothse to a girl's before? No! Not even to the charmermaid? How marfellows! Of course I believe you, my own dear doting liest, when you tell me. As I'd live to, O, I'd love to! Liss, liss! I muss whiss! Never that ever or I can remember dearstreaming faces, you may go through me! Never in all my whole white life of my matchless and pair. Or ever for bitter be the frucht of this hour! With my whitenesse I thee woo and bind my silk breasths I thee bound! Always, Amory, amor andmore! Till always, thou lovest! Shshshsh! So long as the lucksmith. Laughs!*

1

Agora abre, pet, teus lábios, pepette, como eu usava meus dulces astrolábios que Dan Holohan de humorresca meamória ensinuou-me após a dança dos flanelos, com a prova de amor, lá em Smock Alley, a primeira noite ele olorava a pólvora e eu colorri sob meu leque, *pipetta mia*, quando me a prendeste a solver o línguo. Quequem teria oras mais auras, meu reixinol! Gostas, *silenzioso*? Te agrada esta miniminha, meu amor, meu amo? Saboreias meu sussúrio? Não é divinamente deluxioso? E não te é sobeijo? *Misi, misi*! Fala-me até que meu frêmito frua! Eu não quebrarei o sigelo! Ainda estou em êxtase, juro que estuo! Por que preferes o crepósculo, se o mel pergunte, doçuraminha? Sh sh! As auras voam. Não, dulcissíssimo, por que isso me amorreceria? Não faz! Você devia levar uma sofetada bem dada, só por isa. Teus deliciados lábios, amor, cuidado! E olha o meu festido murchetado, mais que tudo! É doureado de plata sex tons divertentes com choque princesa. O azul de Rutland está fora de boda. Sim, sim, preciso! Sei quanto custa, carício! Não me conte! Até o travesso do vico da oviela sabe. Que soldo eu espero? For que i solda eu choro? O conversexo dos losanjos? Que error! Eu corro de verdonha! Eu não faria, minhas frangalinhas, por todas as julietas da via cintiláctea. Eu poderia apunhá-los quando eu os visse piscapiscando pra mim na cama. Eu não fiz que fiz, meu pretendido, ou ia fazer ou pensava em. Shshsh! Não começa com isso, meu vespertinho! Pensei que sabias um tanto e um quantum, como auctor, pra explicar a alguns o significat dos seus exsistemas com seu nuovo nivulon guia. É só mais um peixe raro no chorrio traicachoeiro, o diacho do riacho de Brinbrou de novo, Godoviciogodos me orvalham. E vão ser gibos no bosso dos outros! Perdoe a praga, amor, praquejo aos sorrassinos em seus trunos de Uian e não quis solfender por este braceleste alpino! Você jura que nunca em nossas cantalongas vidas falou no vestíbulo de uma demazela antes? Não! Nem mesmo com a camoreira? Que marafilha! Claro que acredito, meu maroto mimado, se você me diz. Ah, eu morria para, ah, eu corria para! Veija, veija! Deije-me! Nunca que unca que ou eu me remembre de caras sorriodentes, pode me percurrar! Nunca em toda a minha alva vida do meu sempar e igual. Ou jamais somenos seja o fruchto deste existante! Por meus alveios eu te amarro e com meus sonseios eu te amorro! Sempre, Amory, amor emore! Até sempre, amoríssimo! Shshshsh! Até que um sortesão. Ria!

2

    Well, you know or don't you kennet or haven't I told you that every telling has a taling and that's the he and the she of it. Look, look, the dusk is growing! My branches lofty are taking root. And my cold cher's gone ashley. Fieluhr? Filou! What age is at? It saon is late. 'Tis endless now senne eye or erewone last saw Waterhouse's clogh. They took it asunder, I hurd them sigh. When will they reassemble it? O, my back, my back, my bach! I'd want to go to Aches-les-Pains. Pingpong! There's the Belle for Sexaloitez! And Concepta de Send-us-pray! Pang! Wring out the clothes! Wring in the dew! Godavari, vert the showers! And grant thaya grace! Aman. Will we spread them here now? Ay, we will. Flip! Spread on your bank and I'll spread mine on mine. Flep! It's what I'm doing. Spread! It's churning chill. Der went is rising! I'll lay a few stones on the hostel sheets. A man and his bride embraced between them. Else I'd have sprinkled and folded them only. And I'll tie my butcher's apron here. It's suety yet. The strollers will pass it by. Six shifts, ten kerchiefs, nine to hold to the fire and this for the code, the convent napkins, twelve, one baby's shawl. Good mother Jossiph knows, she said. Whose head? Mutter snores? Deataceas! Wharnow are all her childer, say? In kingdome gone or power to come or gloria to be to them farther? Allalivial, allaluvial! Some here, more no more, more again lost alla stranger. I've heard tell that same brooch of the Shannons was married into a family in Spain. And all the Dunders de Dunnes in Markland's Vineland beyond Brendan's herring pool takes number nine in yangsee's hats. And one of Biddy's beads went bobbing till she rounded up lost histereve with a marigold and a cobbler's candle in a side strain of a main drain of a manzinahurries off Bachelor's Walk. But all that's left to the last of the Meaghers in the loup of the years prefixed and between is one kneebuckle and two hooks in the front. Do you tell me that now? I do in troth. Orara por Orbe and poor Las Animas! Ussa, Ulla, we're umbas all! Mezha, didn't you hear it a deluge of times, ufer and ufer, respund to spond? You deed, you deed! I need, I need! It's that irrawaddyng I've stoke in my aars. It all but husheth the lethest zswound. Oronoko! What's your trouble? Is that the great Finnleader himself in his joakimono on his statue riding the high horse there forehengist? Father of Otters, it is himself! Yonne there! Isset that? On Fallareen Common? You're thinking of Astley's Amphitheayter where the bobby restrained you making sugarstuck pouts to the ghostwhite horse of the Peppers.

2

 Bem, você sabe ou não persabe e eu já não lhe disse que todo conto tem um ponto e este é o evo e a eva dele. Olhe, olhe, a treva cresce! Meus alptos galhos ganham raiz. E meu colorado rivirou pó. Fielhur? Filou! Que eras saon? Bem seda é tarde. E ora é semfim desde a última sena em que uma ou otra viu o riológio de Waterhouse. Ficou em pedaços, eu ouvi marmurar. Quando vão remembrá-lo? Ó meu achaque, meu baque, meu bach! Eu quero ir pra Tremas de Araxaque. Pingpong! Eis a Belle de Sexaleitos! E Concepta de Suspiritissanto! Pang! Torce a trouxa! Ordenha o orvalho! Godavari, verte as enchuvas! E enguiai-nos para o bem! Homém! É pra espalhar aqui, já? É, sim. Flip! Espalha em tua margem que eu espalho na minha. Flep! É o que eu estou fazendo. Espalha! Que friosson de friume! O wento voa. Vou pôr uns colhaus nos lençóis do hospitel. Um homem e sua noifa abraçados dentro. Que eu só berrifei e duobrei até agora. Vou botar o avental de megerefe aqui. Está suorrado ainda. Pros impassantes não pissarem. Seis lanços, dez penos de pó, nove pra lareira e um pra esfriagem, os guardapanos do comvento, doze, um bababadouro. Comadre do céu, que Josefofoca, ela é quem diz! Que nariz? Mexericórdia! Deatáceas! Ondeandam agora todos os seus falhos, diga? Em reino findo ou poder porvir ou glória para o expátrio? Allalivial, allaluvial! Um aqui, meno ou mais, mais demais desperdidos alla estranja. Ouvi dizer que um gramo dos Shannons se cassou num clã da Espinha. E todos os Dunders de Dunnes na Vinolândia de Marklândia de onde o marenque de Brendan leva o número nove nos cachapéus do yanque-tze. E uma das pérolas de Biddy veio rolando até que errou de histérea com um malmequer e um coto de velo num valo leteral de uma funda vala de um mercancenário de Bachelor's Walk. Mas tudo o que resta ao último dos Meaghers no lupo dos anos prefixados e intercalos é um colombo no joelho e dois canzóis na testa. Você me diz isso agora? Volgo em dizer. Orara por Orbe e pier Las Animas! Ussa, Ulla, tudo é umba! Mezha, você não ouviu um dilúvio de vezes, ufa que ufa, responde a esconde? Ouviu! Ouviu! Eu vi! Eu vi! É este irrawádio que eu stokei na minha aarelha. Somme com o mais semínimo zsombido. Oronoko! Quai é o problema? Será o grande Finnlíder opróprio com seu joaquimono em sua esfátua montado no cohorsel and ando a frehengste? Pai das pilontras, é uele mesmer! Yonnde? Isset em pissoa? Em Fallareen Common? Você está imarginando o Anfiterato de Astley onde o tira te imprendeu de fazer açucaretas pro cavalho fantasmático dos Peppers.

NOTAS

FRAGMENTO 1 (pp. 147-8 do *FW*)

Trecho de um monólogo de Issy (Isa, Isabel, Isolda etc.), filha de HCE e ALP, encarnação juvenil de Ana Lívia Plurabelle, o princípio feminino. Segundo Campbell e Robinson (*A Skeleton Key to Finnegans Wake*), Issy está sentada diante do espelho-confidente, falando com sua boneca ou escrevendo uma carta, dirigindo-se imaginariamente a um jovem apaixonado que lhe faz uma pergunta sobre a natureza do amor.

Em *A Census of Finnegans Wake*, dicionário dos personagens do livro, Adaline Glasheen consigna, sob a rubrica *Pepette*: "provavelmente vem do francês *pipet* e de 'ppt', apelido que Swift deu a Stella em *Journal to Stella*. Issy muitas vezes atribui esse nome às pessoas a que se dirige e é assim chamada por elas". Em inglês, *pet* significa "animal de estimação" ou um apelido carinhoso. O italiano *pipetta*, "pipeta", associa-se a *pupa*, "boneca", e *pepita*, multiplicando a cadeia de referências.

Dentre as outras alusões a nomes e lugares, nem todos identificados, *Rutland* parece referir-se a Rutland Square (atualmente Parnell Square), em Dublin, e *Brinbrou* — conforme o *Census* — é uma variante de Brinabride, um dos nomes de Issy. *Dan Holoban* pode ser o próprio HCE. *Misi! Misi!* é uma variante do leitmotiv vocabular *Mishe! Mishe!* ("Eu sou! Eu sou!", em irlandês), que assinala o batismo da deusa-virgem Brigit, depois transformada em Santa Brígida. *Misi* é ainda o pretérito perfeito do verbo latino *mittere*, podendo significar: "soltei, deixei partir, enviei". A palavra, reduplicada, alude em espelho à própria Issy: M(isi)! M(isi)!

Outros fragmentos correlacionados a Issy, por mim traduzidos, podem ser lidos em *Panaroma do Finnegans Wake*. Ali se encontram, também, maiores esclarecimentos sobre essa importante figura feminina da cosmofamília joyceana.

FRAGMENTO 2 (pp. 213-4 do *FW*)

Trecho do famoso "diálogo das lavadeiras", conhecido também como "o episódio de ALP", ou simplesmente "Ana Lívia Plurabelle". Enxaguando roupas nas margens do rio Liffey, duas lavadeiras mexericam sobre a vida do casal HCE/ALP e seus descendentes. À medida que o rio se alarga e a tarde cai, elas vão perdendo contato entre si, até se metamorfosearem numa pedra e num olmo, enquanto a noite desce.

Joyce imbrica no texto, que constitui todo um capítulo (pp. 196-216), cerca de quinhentos nomes de rios, além de numerosas associações marinhas. Na versão para o português são os seguintes os nomes de rios, na ordem em que aparecem: Colorado, Pó, Saône (*saon*), Seda, Sena, Otra, Godavari, Shannon, Yang-tze (*yanque-tze*), Lete (*leteral*), Volga (*Volgo*), Orara, Orbe, Ussa, Ulla, Umba, Meza e Mesta (*Mezha*), Ufa, Irrawaddy (*irrawádio*), Stokes (*stokei*), Aar (*aarelha*), Somme, Orinoco (*Oronoko*), Lontras (*Pilontras*), Uele, Yonne (*Yonnde*), Issel (*Isset*).

Adaline Glasheen fornece a chave de vários dos personagens referidos no texto: *Brendan*, herói irlandês de uma viagem lendária pelo Atlântico; *Biddy*, Bridget, Brígida, uma das santas padroeiras da Irlanda (mas também Biddy, uma das mulheres que participam da baderna relatada na "Balada do Velório de Finnegan"); *Hengest e Horsa*, irmãos que lideraram os primeiros invasores saxões da Inglaterra; *Finnlíder*, Finn MacCool, o herói-gigante mitológico irlandês e Adam Findlater, irlandês que restaurou a capela presbiteriana de Dublin, em Parnell Square (Findlater's Church), no século XIX; *Pepper*, ilusionista que expunha "fantasmas" feitos com espelhos e lanterna mágica (o texto alude também ao livro *The White Horse of the Peppers*, do escritor irlandês Samuel Lover). *Deataceas*, ainda segundo Glasheen, contém uma referência a Dea Tacita, divindade adorada em Roma, ligada ao culto dos mortos. Mas é possível entrever aí o vocábulo grego *diátassis,eos*, que significa "distensão", "dilatação", "disputa", ou ainda, "tensão (da voz)".

Waterhouse Clock, o relógio de Waterhouse, sinalizava em Dublin a firma Waterhouse and Co., joalheiros e fabricantes de relógios, conforme elucida Luigi Schenoni, na edição italiana (parcial) do *FW* (Mondadori, 1982).

A Belle de Sexaleitos (Sexaloitez, no original). O "Sechseläuten" é o festival anual da primavera em Zurique, com certas características de carnaval. A palavra significa, em alemão, que os sinos tocam (*läuten*) às 6 horas (*sechs*). *Belle* (abreviação de Isabelle, ou Issy) sugere em inglês tanto uma mulher bonita como um sino. A expressão-tema, que reaparece diversas vezes, em variantes, no *FW* (e se liga ao delito sexual incestuoso cometido por HCE e presenciado por seis testemunhas), é esmiuçada por Fritz Senn em "Some Zurich Allusions in *FW*" (*The Analyst*, XIX, Northwestern University, dezembro de 1960). Assinala Senn que o registro da hora responde à pergunta contida em *Fieluhr* (do alemão *wieviel Uhr?*, "que horas são?", superposto a *fiel er?*, "ele caiu?") e a uma alusão à fidelidade (*fiel?*) de HCE. A palavra *filou*, que ecoa a anterior, também sugere crime (*filou*, do francês, "ladrão", e *philos*, do grego, implicando "amizade" ou "amor").

O original contém, disseminadas, várias outras palavras alemãs, anotadas em *A Lexicon of the German in FW*, de Helmut Bonheim (Berkeley e Los Angeles, University of California Press, 1967), como *kennet*, de "kennen", conhecer; *Bach*, arroio; *Der went*, de "der Wind", o vento; *Mutter*, mãe; *Wharnow*, "Warne" (rio); *main*, "Main" (rio); *ufer*, "Ufer", margem (do rio); *respund*, de "Spund", batoque, tampão; *irrawadding* e *forehengist*, onde se pode ler "irr" (louco), "Reh" (gamo) e "Hengst" (corcel).

A única gravação que James Joyce fez de um extrato do *Finnegans Wake* começa, precisamente, com este trecho, prosseguindo até o final, *Beside the rivering waters of, hitheranthithering waters of. Night!* (As riocorrentes águas de, as indo-e-vindo águas de. Noite!). O texto ora divulgado termina onde começa o fragmento intermediário *Throw the cobwebs from your eyes, woman* (Tira as teias dos teus olhos, mulher), que traduzi com Haroldo de Campos e pode ser lido no *Panaroma do Finnegans Wake*. Fica, assim, completa em português, a passagem correspondente à leitura de Joyce, magistral encarnação sonora do texto. Na voz de Joyce, que interpreta com impecável humor e extraordinário virtuosismo a gíria e os malapropismos das lavadeiras irlandesas, o texto adquire inesperada clareza e uma surpreendente gama de tonalidades, a culminar na entonação ascendente da última palavra — *Night!* —, memorável invocação da noite fechando a fala riocorrente de Anna Lívia Plurabelle e do seu criador. A gravação está registrada no LP *James Joyce Reading "Ulysses" and "Finnegans Wake"*, discos Caedmon TC 1340.

GIUSEPPE GIOACHINO BELLI

Dois ângulos do monumento-fonte dedicado ao poeta (de M. Tripisciano, 1913) na Piazza Gioachino Belli, no Trastevere, Roma.

BELLI, DIABOLUS IN POESIA

A poesia de Giuseppe Gioachino Belli (1791-1863) possui, segundo Giorgio Vigolo, o maior estudioso de sua obra, "uma estranha relação de tonalidade, uma espécie de *diabolus in musica* — como se diz nos tratados de harmonia; que é além disso, melhor dizendo, um *diabolus in ecclesia*". Belli, que nos últimos anos de sua vida chegou a ser censor do Vaticano para as obras teatrais (tarefa que realizou "con reazionario vigore", como acentua Vigolo), deixou, ao morrer, quase todos inéditos, 2279 sonetos que afrontavam todas as convenções do seu tempo.

Escritas entre 1828 e 1849, em linguagem dialetal — o romanesco —, essas composições haviam sido repudiadas pelo autor, ao estipular em cláusula testamentária que fossem queimadas. Felizmente, tal determinação não foi cumprida pelo único descendente do poeta. Ainda assim, os sonetos só começaram a ser publicados, sem adulterações e sem cortes, a partir de 1870. A edição integral e definitiva do corpus belliano só apareceria em 1952, graças aos cuidados de Vigolo: *I Sonetti Romaneschi di G. G. Belli*, em três volumes.[1] É, pois, relativamente recente o conhecimento e a reavaliação da obra de Belli, durante muito tempo obscurecida por duplo preconceito, moral e linguístico.

Utilizando as corruptelas, os "lapsus linguae" e a gíria viva do populacho do Trastevere, o poeta delineia um grande painel, uma "commedia" escatológica de Roma, que vai da ironia à sáti-

---

(1) Em coleções de grande circulação, a Mondadori tem à disposição dos leitores duas excelentes antologias: "*Er Giorno der Giudizzio*" *e altri 200 Sonetti*, a cargo de G. Vigolo (1982), e *Sonetti* (*Giuseppe Gioachino Belli*), organizada por Pietro Gibellini, com comentários de Vigolo (1984). As citações de Vigolo e Gibellini foram extraídas desses volumes.

ra, da crítica de costumes à mais crua e cruel vivisseção do ser humano. Por isso mesmo, tiveram os sonetos divulgação restrita e clandestina em vida do poeta. Apenas um ou outro foram publicados, algumas vezes em versões atenuadas e até anonimamente. E ele costumava lê-los em alguns círculos fechados. Nicolai Gógol ouviu-o recitar algumas das composições satíricas no salão da princesa Volkonsky, em Roma, e ficou impressionado com a performance do declamador, que provocava o riso na assistência sem afetar a menor alteração fisionômica.

Em certa época, Belli pensara em publicar os seus sonetos com um título criptográfico, "Il 996", extraído das iniciais (em letra minúscula) "g g b" do seu nome, e com uma epígrafe de Marcial: "Lasciva est nobis pagina, vita proba". Escreveu mesmo, para acompanhá-los, uma esclarecedora introdução (iniciada em 1831 e reelaborada posteriormente), onde, além de precisar o seu objetivo de "deixar um monumento do que é hoje a plebe de Roma", justificava a grafia especial que adotou para expressar as deformações orais operadas pela fala popular no italiano castiço. Mas a severidade do poeta, nos anos da velhice, parece ter sido implacável na censura alheia e própria.

Há tempos, instigado por Paulo Leminski, que, ainda muito jovem, "descobrira" Belli numa biblioteca de Curitiba, eu traduzi "Er Padre de Li Santi" (O Pai dos Santos), soneto estatístico-priápico em que o poeta alinha, em enumeração jocosa, os apelidos populares do "membrum virilis" (o poema acabou sendo divulgado num dos números do atrevido *Jornal Dobrábil* de Glauco Matoso).

Com surpresa vim a reencontrar o mesmo soneto num livro borgiano de Anthony Burgess, *Abba Abba*, título ambíguo, que remete ao esquema rímico das quadras do soneto e, ao mesmo tempo, ao nome do deus judaico, além de conter, também ao modo de um criptograma, as iniciais reduplicadas do escritor inglês. Nesse romance, publicado em 1977, Burgess imagina um encontro fantástico entre Keats (que viveu em Roma em 1820-1) e Belli, que então teria os seus trinta anos. Trata-se na verdade de uma biografia, em parte histórica e em parte fantasiosa, dos últimos dias de Keats na Piazza di Spagna, onde até hoje se pode visitar sua derradeira residência, convertida em museu. Burgess põe os dois poetas em Roma. Belli se depara com o poema "To Mrs. Reynold's Cat" ("Cat! who has passed thy grand climacteric"), um extravagante soneto sonorista (que "soa como um gato") do jovem Keats. Este, por sua vez, lê uma cópia de "O Pai dos Santos" e, entre chocado e intrigado, o traduz para o inglês (de fato, a versão é obra do próprio Burgess). Historicamente, ao que se sabe, Belli não se achava, então, em Roma; e ele só iniciaria os sonetos da sua "commedia" anos depois da morte de Keats. Mas o inesperado cruzamento de linguagens e biografias, a despeito do evidente anacronismo, é fascinante e comovente, colorindo de trágico humor essa fantasmagoria em torno da vida do grande poeta romântico inglês e permitindo explorar, através dessa inédita transfusão linguística de "Keats", "cats" e "cazzi", a dimensão lúdica dos dois poetas, evidente em Belli, recessiva no autor das *Odes,* cuja face satírica (a de *The Caps and Bells,* por exemplo) é menos conhecida. Registre-se que o belo soneto pré-baudelairiano de Keats, cujas virtualidades fônicas e isomórficas são especialmente enfocadas por Burgess, sob a máscara dos seus personagens, foi, segundo Robert Gittings, "estranhamente desconsiderado por alguns críticos como um gracejo infeliz".[2]

No ensaio-ficção que constitui o apêndice do livro, Burgess traduz nada menos que 71 sonetos de Belli, atribuindo a versão a um certo J. J. Wilson, imaginário descendente de um dos personagens da "entourage" romana do poeta. E coloca a sua obra na ordem das especulações joyceanas, afirmando: "James Joyce, o romancista irlandês, que trabalhou miseravelmente como bancário em Roma nos primeiros anos deste século, parece ter lido Belli, cuja vasta sequência de sonetos, apresentando realisticamente a vida cotidiana de uma grande cidade e capital, pode ser vista como uma espécie de proto-*Ulisses*. Belli pode ser considerado um liame subterrâneo entre a era do romantismo e a do naturalismo".

A reconhecida "intraduzibilidade" dessa poesia está no caráter idiolético, intransferível, da fala popular. À melhor tradução faltam sempre as metamorfoses fonéticas, as apócopes deformantes, as rupturas interjetivas de que é tão rica "a língua abjeta e

(2) Robert Gittings, *John Keats,* Harmondsworth, Penguin, 1968, p. 274.

bufa dos romanescos", como azedamente caracterizou essa modalidade do coloquial trasteverino o próprio Belli, já velho, em carta ao príncipe Gabrielli (15/1/1861). "O falar romanesco", insiste o poeta nessa carta, "não é um dialeto e nem mesmo um vernáculo da língua italiana, mas unicamente uma sua corrupção, ou, digamos melhor, um seu estropiamento." Como dar ao leitor brasileiro uma ideia da comicidade molecular dessa linguagem desintegrada, lida no original? Algo como um compósito de Gregório de Matos, Juó Bananere e Adoniram Barbosa com a técnica impecável de um soneto petrarquiano...

Conforme sublinhou Luigi Baldacci, num artigo intitulado "Nel inferno del dialetto" (20/8/84), Belli é "o criador de um *superpersonagem* narrativo que é a 'plebe de Roma', feito só de vocalidade, de total objetivação da palavra. É como se ele escrevesse em estado de *transe*, possuído por um demônio linguístico que não lhe deixa o mínimo espaço".

Na introdução aos sonetos, ele se mostrava inteiramente consciente da assunção dessa "persona", ou máscara, que o faz apropriar-se do linguajar do povo e de sua "forma mentis" com tamanha intensidade: "Reproduzo as ideias de uma plebe ignorante, ainda que em grande parte conceituosa e arguta, e as reproduzo, direi, com o auxílio de um idiotismo contínuo, de uma fala toda desgastada e corrupta, de uma língua, enfim, não italiana e nem mesmo romana, mas *romanesca*. Esses idiotas ou não são nada, ou quase nada; e o pouquíssimo que aprendem por tradição serve justamente para pôr em relevo a sua ignorância".

Nessa identificação com a idiotia e os idiotismos populares há, paradoxalmente, um movimento crítico. Algo como o voluntário idiotizar-se de Flaubert em *Bouvard et Pécuchet*, com o malévolo propósito de exibir, numa Enciclopédia de Imbecilidade — o *Sottisier* ou Tolicionário —, toda a pretensão e a miséria do ser humano. "Bouvard e Pécuchet me obcecam a tal ponto que me transformei neles! Sua estupidez é a minha e eu morro dela" (carta de abril de 1875 de Flaubert a Mme. Roger des Genettes).

Em ambos os casos o autor quer desaparecer como tal e se imagina mero copista ("Io riccopio", proclama Belli; "Copions", resumem Bouvard e Pécuchet). A ambiguidade entre autor e desautor, própria de tal situação-limite, permanece. Mas é notável, no caso de Belli, a naturalidade com que a fala e a anedota populares se assimilam à articulação formal do soneto, o que se evidencia, ainda mais, na leitura oral.

É assim que Belli se inocula de imbecilidade e deixa falar o bestialógico popular para, através da degradação da língua e das tragicômicas reduções plebeias da ideologia dominante, marcada pelo autoritarismo religioso e pelas mazelas políticas, pôr em evidência a fragilidade e a torpeza dessa mesma ideologia. É por essa via que se opera o que Pietro Gibellini denomina "dessacralização dos detentores do poder e do privilégio", e que os atinge "tanto na sua atuação prática (hipocrisia do clero, insipiência do governo, corrupção da nobreza), quanto nos princípios sobre os quais esse poder se funda (teocracia, absolutismo, Antigo Testamento)".

Ao lado dessa postura crítica, levada ao limite, há um outro aspecto da concepção de Belli que converge para o futuro, enfatizando a sua modernidade. É a estrutura não linear da sua "Commedia Umana". Como se vê do prefácio de 1831, ele a quis distribuída "em pequenos quadros distintos [*distinti quadretti*] não ligados entre si a não ser pelo fio oculto da máquina", de tal sorte que "cada página é o princípio do livro: cada página é o fim [*ogni pagina è il principio del libro: ogni pagina è il fine*]".

É enorme a versatilidade desses *sonetti-quadretti* que dissecam, sob a lente brutalmente veraz do pensar-parlar romanesco, as naturezas vivas da paisagem humana da cidade, do Papa ao Pai dos Santos. À dessacralização dos personagens e ideias corresponde a dessacralização da linguagem, à corrupção a corruptela, a que se acresce, nos casos mais radicais, o rol enumerativo de frases feitas — "Le Dimane a Testa per Aria" (Perguntas Cabeça de Vento) — ou de substantivos — "Er Padre de li Santi", "La Madre de le Sante" —, com um mínimo de apoiamentos discursivos; aqui se projeta aquela "evidência matérica, concreta, das palavras-coisas" a que se refere Pietro Gibellini como um dos efeitos do "caráter de primitiva e imediata objetualidade" do texto belliano.

Mas se Belli é um dos maiores gênios do cômico — como quer Vigolo — esse humor crítico tem um dos seus momentos mais contundentes e extraordinários quando se desloca, numa súbita difração do tônus semântico, para o questionamento da própria existência, numa espécie de metafísica sem metafísica. É o que ocorre em alguns dos seus mais célebres sonetos como "Er Giorno der Giudizzio" (O Dia do Juízo) e "Er Cemitério della Morte" (O Cemitério da Morte) — o primeiro, uma sátira que desvia o discurso autoritário dos dogmas para a caricatura e o "nonsense", pondo a descoberto o oco da sua inocuidade; o segundo, uma reflexão sobre a morte e a pequena medida da existência, onde o cômico e o trágico se interpenetram numa tirada "cool" de humor negro, sintetizando-se no imprevisto raio x linguístico-imagético: a caveira — "testa-de-morto" — sob a testa.

Flashes fellinianos, diríamos hoje desses cine-sonetos que extraem do dia a dia o seu ácido ceticismo, filtram o sal da linguagem nos malapropismos da língua popular, para flagrar o sensível e o poético no grotesco e captar o engenho no ingênuo. Salva, por mãos compreensivas, do fogo a que ele — censor de si mesmo — a condenara, a poesia desse Rabelais romanesco, caminhando contracorrente, contra ele próprio, ainda fustiga e instiga.

(1987)

Detalhe da Piazza Gioacchino Belli, com a Pasticceria Bar Gioacchino Belli.

*DOIS SONETOS DE
GIUSEPPE GIOACHINO BELLI
(1791-1863)*

ER GIORNO DER GIUDIZZIO

Cuattro angioloni co le tromme in bocca
Se metteranno uno pe ccantone
A ssonà: poi co ttanto de voscione
Cominceranno a ddí: "Ffora a cchi ttocca."

Allora vierà ssú una filastrocca
De schertri da la terra a ppeeorone,
Pe rripijjà ffigura de perzone,
Come purcini attorno de la bbiocca.

E sta bbiocca sarà Ddio bbenedetto,
Che ne farà du' parte, bbianca, e nnera:
Una pe annà in cantina, una sur tetto.

All'urtimo uscirà 'na sonajjera
D'angioli, e, ccome si ss'annassi a lletto,
Smorzeranno li lumi, e bbona sera.

25 novembre 1831

O DIA DO JUÍZO

Quatro marm'anjos botarão a boca
No trombone, um em cada canto, e então,
Com toda a força dos pulmões dirão:
"É hora, pessoal. Fora da toca!"

Depois virá chegando a massaroca
De esqueletos, da terra, de roldão,
Catando os corpos pra reunião,
Pintos em torno da galinha choca.

E a galinha será Deus poderoso,
Separando a pureza da sujeira:
Uns vão pro caldeirão, outros pro gozo.

Por último virá uma fieira
De arcanjos: um a um, belo e formoso,
Apagarão a luz e "bona sera".

ER CIMITERIO DE LA MORTE

*Come tornai da la Madon-dell'-Orto
Co cquer pizzicarolo de la scesta,
Aggnede poi cor mannataro storto
Ar Cimiterio suo che cc'è la festa.*

*Ner guardà cqueli schertri io me sò accorto
D'una gran cosa, e sta gran cosa è cquesta:
Che ll'omo vivo come ll'omo morto
Ha una testa de morto in de la testa.*

*E ho scuperto accusí cche o bbelli, o bbrutti,
O ppréncipi, o vvassalli, o mmonziggnori,
Sta testa che ddich'io sce ll'hanno tutti.*

*Duncue, ar morno, e li bboni e li cattivi,
Li matti, li somari e li dottori
Sò stati morti prima d'èsse vivi.*

Roma, 10 dicembre 1832

O CEMITÉRIO DA MORTE

Quando eu voltava da Madon-dell'-Orto[1]
Com meu compadre, logo após a sesta,
Fui visitar com certo frade torto
O Cemitério em que se faz a festa.

Olhando os esqueletos, lá, absorto,
Uma luz me bateu e a luz é esta:
Que no homem vivo como no homem morto
Há uma testa de morto sob a testa.

E descobri, então, que, belos, feios,
Príncipes ou vassalos, monsenhores,
Todos têm uma testa em seus recheios.

Assim, no mundo, os bons e os nocivos,
Os loucos, os cretinos e os doutores
Já foram mortos antes de ser vivos.

---

(1) Igreja de Roma.

INTRADUÇÃO

VMA NVVEM UNA NUBE

DI CORVI **DE CORVOS**

DO MEV CÉV DAL MIO CIELO

S'È POSATA **POVSA**

QVANDO ANOITECE STASERA

NEL TUO SPECCHIO **EM TEV ESPELHO**

Leonardo Sinisgalli   Augusto de Campos
1951   1981

NUVEM-ESPELHO PARA SINISGALLI

Não sei explicar que associação ou transpensamento me fez retomar, em 1981, uma versão, feita trinta anos antes, de um poema de Leonardo Sinisgalli, para reconstruir e amplificar — epigrama de epigrama — duas de suas linhas na *Intradução* agora divulgada. Quem sabe se telecaptei o dístico grego de Leônidas de Alexandria, renovado numa das "imitazioni" do último Sinisgalli: "Voglio scrivere breve, due versi/ al massimo, di eguali sillabe". Só este ano, por uma carta de um amigo meu em Roma — o poeta e diplomata Hélio Póvoas Jr. — vim a saber, com emoção e com espanto, que Sinisgalli morrera — precisamente em 31 de janeiro de 1981. Sua morte, naturalmente, não teve aqui a mínima repercussão. No entanto, não se trata de um poeta desprezível; em nosso meio — creio eu — não há tantos que possam ostentar textos tão densos e refinados, e tão intensos quanto os seus, e nem sei se haverá, entre nós, quem domine como ele, simultaneamente — ao modo de Valéry —, a linguagem artística e a científica.

Travei conhecimento com a poesia de Sinisgalli nos anos 50, na velha Loja do Livro Italiano na rua Barão de Itapetininga, em cujo subsolo se amontoavam generosos estoques dos tempos de guerra e de pós-guerra. Décio, Haroldo e eu andávamos por lá, garimpando livros encalhados, dentre os quais "i poeti dello 'Specchio'" — os "poetas do nosso tempo" da coleção "Le Specchio" da Mondadori, dos mais velhos Ungaretti, Montale e Quasimodo aos da segunda geração dos "ermetici", Alfonso Gatto e Leonardo Sinisgalli.

Datam dessa época alguns dos meus primeiros exercícios de tradução. De Ungaretti, verti "In Memoria" (A Moammed Sceab).

De Montale, "Corne Inglese" (que Mário Faustino divulgaria anos mais tarde no "Suplemento Dominical" do *Jornal do Brasil*) e "Falsetto". De Gatto, cheguei a traduzir "Vivi" (com o verso que tanto me impressionara, "Chi vive è senza gloria") e "Sultana", minha primeira tradução publicada (no suplemento "Literatura e Arte" do *Jornal de São Paulo*, em 1949). As duas versões que intentei dos poemas de Sinisgalli — "Versi per una Chiocciola" e "Strepita la Campana al Capolinea" — permaneceram inéditas.

Eram dois os livros de poesia de Sinisgalli que nos caíram nas mãos, *Vidi le Muse* (1943) e *I Nuovi Campi Elisi* (1947). E havia um terceiro, inclassificável, de reflexões artísticas e científicas, *Furor Mathematicus e Altri Saggi* (1950) — o que lhe valeu a fama de "poeta matemático".

Em "Versi per una Chiocciola" se pode notar a marca desse "furor" contido: a paixão pela forma concentrada, patente no objeto do poema — a enigmática espiral animal da natureza — e no próprio recorte de curvas abruptas dos sucessivos "enjambements" do poema-caracol. A composição pertence a *I Nuovi Campi Elisi*, que abrange o período 1942-46. A tradução leva a data de 14/12/49. Ei-la:

VERSOS PARA UM CARACOL

Alma cava em milênios de chuva
é o tempo inerme que te cospe viva
como um verme! Uma lima
cometeu tão grande engano
ira e amor conciliando
em um lento artifício, uma ansa
um torneio, uma rima, uma substância
torta.
  O teu despojo estático
é mais que urna, asa que te transporta,
o teu reino uma folha
que enxovalhas de baba.
       Esqueleto
de água noturna larva
de pedra, curva os cornos e conduz
os nossos passos vãos à turva luz
do Tártaro aonde tornas.

O segundo poema, que presumo ter traduzido em 1951 — o livro foi adquirido em fevereiro desse ano — versa um tema de amor. Está em *Vidi le Muse*, na seção "Il Cacciatore Indiferente" (1939-42). Eu achava o título muito longo e acabei encimando a minha versão com um fragmento da imagem que me comovera, a dos versos finais ("una nube/ di corvi dal mio cielo/ s'è posata stasera nel tuo specchio"):

UMA NUVEM DE CORVOS

Chegas ao fim da linha, o vento
Norte despeja sobre o rio
A poeira das casas em ruína.
Aí estás solitária e a praça te abandona
Na encruzilhada, e já não sabes
Mais viver, não sabes recordar.
Tão verde o sabugueiro aquela tarde,
Frescos os montes de terra
Além da cidade, pelo declive
Que de Santa Sabina
Desce à Bocca della Verità.

Ah! transviada (o ano hoje nos colhe
Tão distanciados por estradas diversas)
Caminhas, eu te chamo. Fere as janelas
Obliquamente a chuva.
Afastas o maço dos cabelos
Das orelhas, sacodes
As lembranças perdidas: uma nuvem
De corvos do meu céu
Pousa, quando anoitece, em teu espelho.

Estilhaços brilhantes de seus poemas faíscam na memória. A lua pós-laforguiana de *Vide le Muse*, na sintaxe subvertida destes versos inesquecíveis: "La tuberosa di settembre luna/ Sempre dolorosa" ("Imitazione della Luna"). A aranha do "Crepuscolo di Febbraio a Monte P." (de *I Nuovi Campi Elisi*): "Un ragno! Un ragno ha teso/ un filo di bava nel crepúscolo!" (Uma aranha! Uma aranha teceu/ um fio de baba no crepúsculo!). "Sembra uno scalatore che ingoia la sua corda astrusa" (Parece um escalador que engole a sua corda abstrusa). "Aveva la testa nera e il corpo transparente. 'È un ídolo, un re che si diverte.' 'Un piccolo mostro che ci portera fortuna'" (Tinha a cabeça negra e o corpo transparente. 'É um ídolo, um rei que se diverte.' 'Um pequeno monstro que nos dará sorte').

Uma concreticidade de imagens evocativas que traz à mente as linhas do nosso Kilkerry: "Vês? Colaboram na saudade a aranha,/ Patas de um gato e as asas de um morcego".

Foi Ungaretti quem revelou o poeta, num artigo de 1934. O importante crítico e medievalista Gianfranco Contini, outro admirador de Sinisgalli, escreve: "Em Turim, em princípios de 34, desembarcou uma noite Giuseppe Ungaretti, trazendo consigo uma bela conferência sobre Petrarca, e cheio de entusiasmo pela poesia de um único jovem, aquele Sinisgalli que há poucos meses tinha apresentado publicamente".

Nasceu Sinisgalli na pequena cidade de Montemurro, na província de Potenza, da Itália meridional, em 1908. Vinte anos mais moço que Ungaretti. Doze anos mais moço que Montale. Ingressando em 1925 na Faculdade de Matemática de Roma, teve professores ilustres como Fantapié, Severi, Fermi. Preparava-se para integrar o grupo de alunos de física atômica de Fermi, em 1930, mas — crise inversa à de Valéry — decidiu-se pela poesia. Nesse ano encontra-se com Ungaretti. Em 1932 forma-se em engenharia industrial. Profissionalmente, se liga à publicidade, tornando-se, em 1938, diretor de arte da Olivetti de Milão, e mais tarde consultor da Pirelli, da Finmeccanica e da Alitalia. Já haviam sido editados os seus primeiros livros de poesias — *Cuore* (1927), *18 Poesie* (1936) e *Poesie* (1938) — quando iniciou essas atividades. Os *Campi Elisi*, de maior repercussão, saíram em 1939. De Valéry traduz "A Alma e a Dança" em 1945. No após-guerra, fundindo arte e ciência, realiza dois documentários, "Lezione di Geometria" e "Milesimo di Milimetro", premiados nos festivais de cinema de Veneza. Em 1950 aparece a edição completa de *Furor Mathematicus*, recolhendo todos os seus escritos sobre matemática, técnica, história da ciência, arquitetura, arte e artesanato. Funda e dirige por cinco anos (1953-8) a revista *Civiltà delle Macchine*, fazendo conviverem a cultura humanística e a científica, sob a motivação da arte e da indústria, e trazendo para a equipe de colaboradores Giulio Argán, Gillo Dorfles, Emilio Villa,

Burri e muitos outros críticos e artistas. A mesma linha de trabalho é desenvolvida numa segunda revista, *Le Botte e il Violino* (1964-6). Ao longo dos anos, publica vários livros de poesia, entre os quais *L'Età della Luna* (1962), *Poesia di Ieri* (1966), *Il Passero e il Lebbroso* (1970), *Elisse* (1974), antologia do período 1932 a 1972, *Mosche in Bottiglia* (1975).

Após a morte do poeta, as sofisticadas "Edizioni della Cometa", de Roma, que já haviam divulgado em 1980 um elegante conjunto de traduções de autoria de Sinisgalli — *Imitazioni dall' Antologia Palatina* —, publicaram em sua homenagem um volume com iconografia, biografia e bibliografia, *Un Poeta come Sinisgalli* (1982). Reeditaram, também, *Furor Mathematicus* (na versão abreviada) e *Ritratti di Macchine*, de 1937, um curioso folheto composto de sete desenhos de máquinas tipográficas feitos por Sinisgalli e acompanhados de algumas reflexões sobre a natureza da máquina ("Em torno das máquinas imaginamos toda uma enganosa mitologia, construímos o mistério laico do nosso tempo.") — um pequeno texto de grande poeticidade. E reuniram, ainda, em dois outros volumes, *Ventiquattro Prose d'Arte* (1983) e *Sinisgalliana* (1984), diversos artigos críticos do poeta. São comentários agudos, irônicos e epigramáticos, e também anedóticos quando os poetas e artistas de que tratam foram contemporâneos de Sinisgalli, como Ungaretti ou De Chirico.

No primeiro, há pequenas joias do pensar, em estudos como "Duchamp em um fascículo para a família", "De Chirico: o quadro é meu e o copio como quiser", "Balla, o inventor", "Calder, escultor engenhoso", "Os buracos e os talhos de Fontana", "Burri, a plástica próxima de Giotto", "As epifanias de Piero Dorazzio", "As sístoles, as diástoles, a respiração de Scialoja". O segundo é dividido em breves capítulos cujos títulos têm as mesmas terminais: Leonardiana, Leopardiana, Baudelairiana, Ungarettiana, Laforguiana, Mallarmeana etc. Retratos críticos, frequentemente permeados por observações derivadas dos conhecimentos científicos de Sinisgalli. Sobre os manuscritos de Da Vinci diz, por exemplo: "Todos têm uma ideia da página de Leonardo: não é a de um escritor, poeta ou historiador, nem é apenas a de um físico, de um geômetra. São esboços, desenhos, figuras, interpostos ou intercalados ou comentados pela famosa escritura invertida. Fascinante escritura, sem pontos, sem acentos, sem vírgulas; escritura iliterata, de carpinteiro e artesão, de pedreiro e estanhador, capaz de difíceis sublimações; escritura que flui diretamente à procura do sentido, escritura-utensílio que não se permite o luxo dos adejos, das curvas, dos percursos, dos retardos melodiosos. Segue o caminho mais curto como a água, como a agulha". Sobre Mallarmé: "Aqueles que resolvem com uma só palavra o sentido de um inteiro período histórico, ou a ação de um preparado químico, ou o andamento de um fenômeno, dizem que Mallarmé foi por toda a sua vida dominado pelo demônio da abstração (o demônio da analogia é apenas um corolário). Apanho um par de livros de álgebra, tomo ao acaso um trecho que pode iluminar-nos: 'quanto mais abstrata é a matemática tanto mais ela é simples e útil'. É de supor que Mallarmé tenha pensado a mesma coisa da poesia: a saber, que ela seja fruto da amarga *raison*, uma razão cega que se põe a anular as coisas para salvar apenas os nomes. Na sua 'Miniálgebra', Lombardo-Radice explica que existem cálculos sem números e dá alguns belíssimos exemplos que teriam encantado Mallarmé, porque se parecem a jogos, especialmente aos jogos das crianças".

Escrevendo sobre Fontana, o poeta se refere a uma ode que dedicou ao pintor, na qual afirmara que as explorações de Fontana o transportavam para o antimundo, a antimatéria, a condenada não-poesia que os irmanava.

Esse aparente hibridismo de interesses de Sinisgalli dá-lhe características singulares no panorama da moderna poesia italiana.

Como diz Giuseppe Pontiggia, "o destino curioso, mas exemplar, de Sinisgalli é ter sido geralmente considerado um poeta que desborda para a ciência e para a tecnologia e não ter sido adequadamente reconhecido em sua função de precursor". E, no entanto, apesar da fama, um tanto equívoca, de poeta-matemático, Sinisgalli jamais confundiu as linhas. "Nunca pensei que a matemática e a mecânica fossem a mesma coisa que a poesia", diz ele no belo estudo sobre Calder. "Não é este o caminho para justificar a matemática e a mecânica. O que eu encontro aí de comum é uma tensão da inteligência, é a felicidade na fadiga, no esforço."

Franco Fortini o filia, com razão, a Valéry, observando que "o nexo cultural de que surgem as primeiras poesias encontra-se tanto no gosto do epigrama ou epígrafe, estilhaço ou fragmento iluminante, quanto na moda da 'magia branca' intelectual, bastante difundida em todo um setor da literatura francesa, espanhola e italiana dos anos 20 e do qual o máximo expoente era o poeta Paul Valéry".

Mas há também muito Laforgue no metabolismo da poesia sinisgalliana, pertencendo o poeta, para usar os termos que aplica a Rauschenberg, "à família dos poetas-críticos, dos poetas redutores, dos poetas que se puseram, de certo modo, contra a Poesia, entendida como eloquência, como corpo homogêneo, corpo místico".

Conta Sinisgalli que adquiriu, quando estudante, os dois volumes das *Obras Completas* de Laforgue, estampados em 1922, pela Mercure de France, e que na mesma época comprou o livro de poemas de Rimbaud, com o prefácio de Claudel ("Rimbaud é um místico em estado selvagem") e *Charmes* de Valéry. E que levava consigo esses volumes nas viagens, no trabalho, por toda a parte. Laforgue, diz ele, "injetou em meu sangue o gosto pelo humor como corretivo do *spleen*, endureceu o meu coração, depurou os meus sentidos e o meu saber, me convenceu a mortificar, a controlar o instinto e o comportamento". E agrega: "Toda vez que tenho de cumprir um passo incerto, volto-me para ele como para um mestre".

Mantendo a tradição de lucidez da nova poesia italiana inaugurada por Ungaretti e Montale, seus antecessores, Leonardo Sinisgalli é, ele próprio, um pequeno mestre da linguagem concisa e epigramática, mas ao mesmo tempo distensa ao máximo entre o poético e o não poético, o circunstancial e o duradouro, o racional e o imaginário.

Em *Furor Mathematicus*, que se inicia sob a paradoxal invocação maldororiana de Lautréamont ("*O mathématiques sévères*"), Sinisgalli esboça uma definição de poesia como "um quantum, uma força, uma extrema animação exprimível mediante um número $a + bj$": "anfíbio entre o ente e o não ente", "quantidade silvestre", "soma de um real e de um imaginário", segundo expressões de antigos matemáticos, onde *a* e *b* são quantidades reais e *j* (raiz quadrada de −1) o operador imaginário, cuja ação lhe parece análoga à que o poeta exerce sobre "as coisas".

Lendo-se os seus breves mas penetrantes estudos sobre Balla, Duchamp, Burri, Fontana, talvez se possa pensar que a poesia de Sinisgalli, isoladamente considerada, não se renovou tanto quanto a sua mente crítica, aguçadíssima para as perquirições das artes visuais, da tecnologia, da ciência. Há em sua poesia algo de um melancólico bucolismo provinciano, uma relativa arcaização na nostálgica, embora dissonante, mediterraneidade que atravessa poemas como "Uma Nuvem de Corvos" — "epigramas da recordação", para valer-me da definição de Contini.

Mas é possível que o próprio Sinisgalli tenha tido consciência dessa dificuldade-de-ser poética. Em "Os Buracos e Talhos de Fontana", ele conclui: "Depois de Duchamp, depois de Fontana, por sua terrível força de dissuasão, ficou difícil recomeçar".

(1984)

À MARGEM DA RÚSSIA

PROFILOGRAMA 1 (POUND-MAIAKÓVSKI) — Augusto de Campos (1966)

VIDA BREVE, ARTE LONGA

Nenhum balanço honesto que se faça da arte contemporânea pode passar em branco o capítulo da experiência russa, com a história de sua grandeza e de sua tragédia, balizadas pela explosão, no começo do século, de um amplo, de um extraordinário surto renovador, precedendo de alguns anos a revolução de 1917, e pelo brusco truncamento desse processo, após a morte de Lênin e a ascensão de Stálin, na década de 30.

Isto ocorreu em toda a faixa cultural: em música, artes plásticas, cinema, teatro e, naturalmente, em literatura e em poesia. Inovadores como Stravínski, Maliévitch ou Kandínski, Lissítski, Tátlin ou Ródtchenko, Meyerhold, Eisenstein e tantos outros que, numa espantosa assembleia de talentos, povoam o cenário artístico russo e alimentam as baterias da vanguarda com uma nova provisão de *ismos* revolucionários — Suprematismo, Raionismo, Construtivismo, Cubofuturismo etc. —, entram subitamente em recesso. Alguns deles, como Larionov e Gontcharova, Gabo e Pévsner, deixam a pátria para projetar-se, via Paris, Berlim e outros centros, no âmbito internacional. Dos que ficam, em regime de liberdade vigiada artística, uns se academizam; outros se calam; outros, ainda, simplesmente desaparecem.

Os preceitos e os preconceitos da burocratização stalinista, que encontrou no Realismo Socialista o seu dogma para as artes e em Jdánov o seu executor, impediram e ainda hoje impedem os soviéticos de ver com clareza a importância da contribuição de seus artistas de vanguarda. Bitolados por uma visão deformada e monolítica, sem nenhuma sensibilidade para as transformações tecnológicas e sua repercussão no fenômeno artístico, os jdanovistas forjaram o conceito de "arte decadente" — irmão gêmeo da noção nazista de "arte degenerada" — para infirmar toda a arte moderna, isto é, não conservadora, inconvencional, antiacadêmica. E com isso perderam para si próprios, e até para a glória da URSS, as conquistas de sua arte nova e mataram, na raiz, as possibilidades imediatas de evolução dos seus artistas.

Depois das revelações do Vigésimo Congresso e da "desmitificação" de Stálin, teve início o processo de "degelo" da cultura soviética. Começaram, timidamente, as reabilitações. Mas em ritmo lento e em intensidade diminuta face ao vulto da contribuição soviética para a arte moderna. Fotografam os russos a "face oculta" da Lua. Mas ainda existe, em sua própria casa, uma "face oculta": a da grande arte russa contemporânea, sepultada nos porões dos museus, ou esquecida nas pequenas edições dos anos 20, entre os salvados e perdidos das bibliotecas. Enquanto não a revelar e não se revelar a si própria, a URSS continuará a receber, do exterior, a lição das invenções e criações que seus artistas muitas vezes ensinaram aos do Ocidente. Continuará a marcar passo, após a marcha a ré que a fez passar, num giro de 180°, da vanguarda à retaguarda mundial no terreno das artes.

"Os poetas são as antenas da raça", disse Pound. "Se o sistema nervoso de um animal não transmite sensações e estímulos, o animal se atrofia. Se a literatura de uma nação declina, a nação se atrofia e decai" (*ABC of Reading*).

Trágico destino o da moderna poesia russa. Poucos países se poderão vangloriar de ter possuído uma equipe de tão altos criadores. Mas poucos terão perdido tantos poetas importantes em tão pouco tempo. É como se um furacão ou uma epidemia houvessem varrido os poetas do território soviético, exterminando-os ainda jovens ou em plena maturidade. A partir dos anos 20 a URSS começa a se transformar num imenso cemitério prematuro de poetas. Ali jazem: ALEKSANDR BLOK (1880-1921), 41 anos de vida. ANDRÉI BIÉLI (1880-1934), 54 anos. VIELIMIR KHLÉBNIKOV (1885-1922), 37 anos (inanição). ÓSSIP MANDELSTAM (1892-1939), 47 anos (Sibéria). MARINA TSVIETÁIEVA (1892-1941), 48 anos (suicídio). VLADÍMIR MAIAKÓVSKI (1893-1930), 37 anos (suicídio). SIERGUÊI IESSIÊNIN (1895-1925), 30 anos (suicídio). EDUARD BAGRÍTZKI

(1896-1934), 38 anos. Dos companheiros futuristas de Maiakóvski, KAMIÉNSKI faleceu aos 77 anos em 1961, KRUTCHÔNIKH (1886) provavelmente ainda vive,[1] assim como BURLIUK (1882),[2] que emigrou há muitos anos para os EUA; mas não se pode ainda avaliar a contribuição desses poetas, pois sua obra é pouco acessível. Ao iniciar-se a década de 40, e após o suicídio de Tsvietáieva, a URSS só possuía, vivo, e quase morto-vivo, silenciado e insulado, um poeta de envergadura universal indiscutível — BORIS PASTERNAK, que viveu para conhecer a amargura da humilhação pública, no "affair" Nobel, após o qual isolou-se ainda mais, até a morte em 1960. Esse massacre poético, para o qual concorreu, além do acaso, o clima de sufocação da liberdade artística que foi sendo gradualmente implantado na URSS, teria que pesar na produção ulterior soviética.

Enquanto isso, nos EUA, para irmos aos "antípodas", estavam ainda ativos, em 1940, Ezra Pound, Gertrude Stein, William Carlos Williams, e. e. cummings, T.S. Eliot (naturalizado inglês), os principais artífices da revolução poética norte-americana. Gertrude morreu em 1946 e Eliot, depois do último dos *Quatro Quartetos* (1942), morreu para a poesia, ainda que a sua morte física só viesse a ocorrer em 1965. Os demais continuaram produzindo até recentemente. E além deles, Marianne Moore, Wallace Stevens. É verdade que Hart Crane se matou aos 33 anos, em 1932. Mas a regra nos EUA parece ser a longevidade dos poetas, na tradição de Whitman e não na de Poe. E não estou contando poetas menores como Sandburg, Macleish ou Frost, porque senão teria que computar, em favor da URSS, os sobreviventes como Assiéiev ou Akhmátova, de relevância comparativamente igual.

É certo que os EUA também têm o seu jeito de desligar as "antenas da raça", o qual nem por ser mais sutil deixa de ser menos detectável e detestável. O organismo consumista norte-americano encontra meios e modos de confinar, expelir ou devorar o objeto estranho que o perturba, como o demonstram os expatriados da "Lost Generation", as razias macartistas e o "caso Ezra

---

(1) 1967. Morreu em 1968.
(2) Morreu em 1967.

Pound" (ao qual não faltaram ingredientes stalinescos: campo de concentração; prisão numa gaiola exposta às intempéries; confinamento do poeta, são, num manicômio, durante treze anos), exemplos dramáticos do conflito entre os artistas e a sociedade capitalista.

Os norte-americanos, porém, têm a sabedoria de não ocultar as suas "antenas", embora lhes neguem, quase sempre, a importância conferida às garras do "business enterpriser" e releguem o "ruído" dos poetas aos núcleos concentrados do campus universitário. Sousândrade já prevenia, em 1877, no "Inferno de Wall Street":

> — Banindo os poetas da 'República'
> Coroava-os com flores Platão.
> = Yunka-yankee os depena
> Sem pena,
> E zanga-se à história, pois não!

Os russos amam os seus poetas. Atestam-no as fabulosas tiragens que alcançam na URSS os livros de poesia. Mas ainda não os conhecem todos ou não os conhecem bem. Em edições acadêmicas (encadernações tradicionais, títulos em ouro ou prata), extremamente bem cuidadas, podem-se ler, por exemplo, as obras integrais de Maiakóvski: treze volumes, com tiragens variáveis de 200 mil (poesia) a 163 mil exemplares (prosa), editados entre 1955 e 1963, a preços ínfimos. Ou ainda as obras reunidas ("sobránie sotchiniêni") — não integrais ("pólnoie") como as de Maiakóvski — de Aleksandr Blok ou de Iessiênin. As de Blok, em oito volumes (1960-3), com tiragens que chegam também aos 200 mil exemplares. As de Iessiênin, em cinco volumes (1961-2), com a espantosa tiragem de 500 mil exemplares! Iessiênin, poeta que declarava em 1922 nunca ter sido membro do Partido Comunista, porque estava ainda mais à esquerda... e que, no poema "Regresso à Pátria" (1924), escrevia: "E eis que minha irmã me fala,/ Abrindo como bíblia, o "Capital" ventrudo,/ De Marx/ E Engels.../ Livros que nunca li/ Em toda a minha vida..." (vol. II, das *Obras Reunidas*, na edição soviética já referida).

No entanto, de Khlébnikov, "o Colombo de novos continentes poéticos", na conhecida expressão de Maiakóvski, não há, ao que consta, nenhuma nova edição de suas obras reunidas (incompletas), coligidas em cinco tomos em 1928-33. Um pequeno volume de versos ("Ctikhotvoriênia i Poemi") foi editado em 1960 (50 mil exemplares); nele, porém, não se incluem algumas das mais ousadas experiências do poeta, como os "Piéreverti" (Palíndromos) ou os textos a que alude Benjamin Goriély (caligramas anteriores aos de Apollinaire, papéis-colados, poemas em linguagem "zaúm"), e mesmo o célebre "Encantamento pelo Riso" só é transcrito em citação crítica, no prefácio, sem que se lhe conceda um lugar entre os poemas selecionados. Aliás, na recente antologia bilíngue, russo-espanhola, *Poesía Soviética Rusa*, impressa na URSS, sob a responsabilidade de Nicanor Parra, com prefácio de Vladímir Ognev, o grande Khlébnikov não é sequer mencionado! De Marina Tsvietáieva — uma espécie de Emily Dickinson russa, notável pela contenção e precisão de seus versos — conhece-se uma pequena edição de poesia selecionada ("ísbranoie"), com 25 mil exemplares (como se vê, mesmo as pequenas edições soviéticas de poesia têm tiragens respeitáveis). De Biéli ou Pasternak não há ainda obras completas, apenas seleções de poemas. E Krutchônikh? E Burliuk? E Kamiénski? E Mandelstam? Sem voz, aguardam sua vez.

Mas os russos haverão de redescobri-los, cedo ou tarde. Pelo menos é lícito esperá-lo do impulso de liberação que vem crescendo nos últimos anos, despertando a cultura soviética da hibernação forçada que lhe impôs a moral stalino-jdanovista, com seus "heróis positivos" e sua intolerância negativa. E quando isso acontecer, quando a URSS reincorporar a "face oculta" de sua arte e ouvir de novo, plenamente, as "antenas" de sua poesia renovadora, será sinal de que o organismo voltou a funcionar e a burocracia foi finalmente derrotada. Até lá, enquanto se espera, saudemos os milhares de exemplares com que os poetas começam a se vingar, depois de mortos, dos censores-burocratas. Sim, os poetas — esses "alienados" — são fáceis de liquidar, mas não tão fáceis de calar... Maiakóvski, nos seus derradeiros fragmentos, deixou esta reflexão sobre as palavras poéticas: "Às vezes as relegam inauditas inéditas/ Mas a palavra galopa com a cilha tensa/ Ressoa os séculos e os trens rastejam/ Para lamber as mãos calosas da poesia./ Sei o pulso das palavras. Parecem fumaça,/ Pétalas caídas sob o calcanhar da dança,/ Mas o homem com lábios alma carcaça...".

(1967)

O SPUTNIK E A TROCA DE SINAIS

Sputnik, não o satélite, mas a revista, lançada este ano,[1] na URSS, em russo e inglês, condensando à maneira norte-americana artigos de 11 mil jornais e revistas soviéticos, começa a correr mundo. Tenho em mãos o número 5 (maio de 1967), na versão inglesa. *Sputnik* — advertem os editores — é uma nova e vital revista soviética. *Sputnik* apresenta-lhe o que há de melhor nas revistas e jornais soviéticos — em forma condensada. *Sputnik* fala-lhe do que as pessoas conversam: as últimas novidades em ciência e mecânica, importantes temas de política, problemas econômicos, escritores soviéticos, viagens pela URSS.

A impressão geral é a de um autêntico descendente do *Reader's Digest*, um pouco mais luxuoso e fotogênico, para americano ver. Às tantas, depois de um condensado sobre "O homem mais forte do mundo", que não é o Batman nem o Superman, mas o levantador de pesos Zhabotinski, e de uma visita ao zoológico sem grades de Ascânia (com uma boa sacada do tradutor: *Zoo's Who*), seguida de receitas de pratos típicos do Azerbaidjão (em tecnicolor), entre um apelo à coexistência pacífica insinuado numa foto de Eisenstein & Disney abraçados e a seção de modas femininas (mini, inclusive), uma surpresa nos aguarda: a foto do mês — "a catarata", com uma garota em pelo em primeiro plano, não tão convidativa como as coelhinhas da *Playboy*, mas enfim, seja lá o que for, uma colher de chá para os degustadores ocidentais de "garotas-do-mês", discretamente disfarçada sob a alusão de uma cascata-de-fundo e a ilusão de uma foto "artística", *from Russia with love*. Não há dúvida. *Sputnik* fará muito para derreter

(1) 1967.

os gelos subsistentes da guerra fria, mostrando que os russos não só são teoricamente iguais a todos os mortais, como até mais parecidos do que parecia.

Digna de nota, nesse número, a entrevista com Andriei Vozniessiênski. Dos poetas internacionalmente conhecidos da nova safra soviética, Vozniessiênski é o melhor. Muito superior a Ievtuchenko, ao qual ninguém negará um papel importante na liberalização da cultura pós-stalinista, mas que não foge a uma retórica flácida e fácil. Vozniessiênski tem outra categoria. Seus poemas — onde repontam uma imagética violenta e aliterações galopantes — têm muito mais a ver, na concepção e na estruturação, com uma retomada dos caminhos abertos pela grande poesia moderna soviética, afogada num mar de academismo há trinta anos, embora as investidas de Vozniessiênski empalideçam, ainda, se comparadas às ousadias de um Khlébnikov ou de um Maiakóvski.

Vozniessiênski — arquiteto profissional, como se sabe — tem hoje 33 anos. "Não importa a respeito do que ele escreve", diz o entrevistador, "seus poemas são contagiantes, com seus ritmos e sua tensão incomum. Por vezes os ritmos ringem como freios de um carro. A filosofia poética de Vozniessiênski foi por ele sintetizada com estas palavras: 'Eu corto a crosta e desço ao fundo das coisas como no metrô'."

Perguntado sobre se gosta de escrever "sob encomenda", responde o autor de "A Pera Triangular" negativamente, ajuntando que é mesmo incapaz de escrever a comando, embora a história conheça muitos artistas que o fizeram maravilhosamente: Tchaikóvski, Maiakóvski, Villon. Seus poetas prediletos: entre os russos, Pasternak e Maiakóvski. Entre os espanhóis, Lorca. E mais: "Tenho especial afeição por Dylan Thomas. Ele era magnífico recitando. É claro que gosto de T.S. Eliot. Acho a poesia de Auden e Lowell (Robert) interessante. Você observará que minhas prateleiras estão cheias de seus livros. Penso traduzir alguns dos seus poemas".

Qual a leitura favorita de Vozniessiênski? Escritos políticos? Não. Qualquer coisa que lhe caia nas mãos. "Gosto frequentemente de ler literatura técnica", diz o poeta. "Veja. Tenho um manual técnico aqui sobre a minha escrivaninha. Está cheio de toda a sorte de fórmulas para o pré-tensionamento do concreto armado e toda essa espécie de coisas. Algumas vezes, quando eu passo os olhos por isso, chego a diferentes ideias por associação. Por exemplo, tentei elaborar uma teoria do ritmo moderno a partir do pré-tensionamento do concreto armado. Se você olhar a linha do poema como uma viga esticada de um balcão, notará que a pressão é maior no começo da linha e diminui em direção ao fim. Tentei seguir essa estrutura no meu poema *Goya* e em diversos outros. Você provavelmente notou que no começo o som é tenso, depois a tensão cai e perto do fim o ritmo desaparece totalmente. O que quero dizer é que há leis gerais para a tensão do metal e para a tensão da alma. Elas são tangentes em algum ponto — e eu quero chegar a esse ponto." Para "relax", Vozniessiênski aprecia romances policiais. "Afinal, são os modernos contos de fada."

Para que o leitor possa melhor ajuizar das técnicas e das teorias de Vozniessiênski, dou a seguir a tradução que Haroldo de Campos fez de *Goya* (1960), talvez o mais realizado poema do jovem autor soviético:

    Sou Goya!
    Órbitas-covas cavou-me o inimigo, revoo
                              de corvos na gula de espólios.
    Sou guerra.
    Sou grito
    de angústia, burgos em fogo
                              no guante nevado dos anos quarenta.
    Sou garra
    da fome.
    Sou gorja
    de mulher garroteada, cadáver-badalo
                              dobrando numa praça calva…
    Sou Goya!
    Galas
    da vingança! Devolvo a oeste de um golpe
                              as cinzas ingratas do hóspede!
    E gravo no céu da memória
                              estrelas fixas como cravos.
    Sou Goya.

Haroldo procurou recriar em português a estrutura, o ritmo e até mesmo a torrente de aliterações e assonâncias que percorre o texto original: *Ia Goya... gláznitzi... nagóie... ia górie... ia gólos... góda... górodov golóvni... ia gólod... ia górlo... góloi...*; na tradução: Sou Goya... gula... sou guerra... sou grito... burgos em fogo... no guante... sou garra... sou gorja... garroteada... galas... golpe... gravo...

O que mais influenciou Vozniessiênski como poeta? A pintura e a arquitetura que ele passou muito tempo estudando. "Não foi a literatura que me influenciou, mas o artista russo Andréi Rublióv, o espanhol Juan Miró e o arquiteto francês Corbusier." Como se vê, uma notável afinidade com o nosso João Cabral, autor de uma monografia sobre Miró e cujo livro *O Engenheiro* ostenta a epígrafe de Le Corbusier, "machine à émouvoir".

Enquanto o *Sputnik* gira com espavento pelo mundo, aparece, mais discreto, o almanaque literário *Prometei*, grosso volume, mas com aspecto gráfico um pouco mais desataviado e moderno que as publicações congêneres soviéticas.

Prometei, que tomou o título da célebre figura mitológica, é realmente prometedor, a julgar pelo primeiro número, que é de 1966. Nele encontramos um longo estudo de I. A. Kashkin sobre Hemingway. Pela primeira vez, vemos em publicações russas retratos de Ezra Pound e Gertrude Stein, esta referida constantemente e com simpatia, ao lado de Joyce. Até cummings aparece mencionado, junto ao autor de *Ulysses*, como experimentador literário, praticante de "zaúm" (a linguagem transmental de Khliébnikov). Numas memórias de Tchukóvski sobre o almanaque literário das primeiras décadas, *Tchukókala*, uma curiosidade: versos "nonsense", com rimas excêntricas, do crítico Roman Jakobson, escritos para aquela publicação, em 1919. Merece destaque também um artigo de Víctor Shklóvski, "Aleksandr Ródtchenko — Pintor-Fotógrafo", no qual se divulgam fotogramas e fotomontagens desse artista, companheiro de Maiakóvski. Compreende-se, à vista desse material, que Shklóvski afirme que Ródtchenko apontou caminhos para a revolução no cinema soviético, influenciando Kuleshov, Dziga Vertov e Eisenstein. Ródtchenko ilustrou com fotomontagens o poema de Maiakóvski "Pro Eto" (Disso), para o qual projetou uma capa que escandalizou na época (1923): o rosto de Lília Brik, chapado, os grandes olhos abertos. É também de Ródtchenko o extraordinário perfil-silhueta de Maiakóvski que estampamos na contracapa da edição brasileira dos *Poemas* do grande poeta russo.[2] Compreende-se, revendo as fotomontagens que Ródtchenko fez para "Pro Eto" — não se trata de meras ilustrações, mas de verdadeiros poemas fotogrâmicos sem palavras —, por que Maiakóvski chegou a considerá-lo não apenas um colaborador, mas um "coautor", como acentua Shklóvski.

Assim, embora lentamente, continuam a surgir os sinais de uma ressurreição artística na URSS. Uma recuperação do tempo perdido que vem crescendo numa bola de neve que nem o sr. Khruschóv conseguiu deter, embora suas diatribes contra a arte moderna soviética tivessem contado com inesperados e tardios gestos de solidariedade. Por exemplo, o do sr. Plínio Salgado, que escreveu, num artigo intitulado "Arte e Política", publicado no *Diário de São Paulo*, em 9/6/63: "O fato mais notável a observar-se na degeneração da arte clássica e sua total abolição foi que tudo ocorreu em menos de cem anos, exatamente como agora, se notarmos a rapidez com que viemos do impressionismo na pintura, ao cubismo, ao dadaísmo e ao abstracionismo, e do simbolismo na poesia, ao expressionismo, ao hermetismo, ao concretismo. [...] Tem razão Khruschóv quando se insurge contra essa arte sem mensagem, que se fez o 'hobby' das disponibilidades mentais em crise de desemprego ideológico. Sou adversário do comunismo por julgá-lo a última expressão do unilateralismo do século XIX. Mas nem por isso deixo de reconhecer que a Rússia, dentro do erro de sua concepção social e política, tem sobre nós a superioridade de crer em alguma coisa e de fazer dessa crença a inspiração de toda a sua estrutura econômica, política, militar, científica e artística". Onde se dão as mãos os conceitos totalitários de *arte decadente* (stalinista) e *arte degenerada* (nazista).

Enquanto isso, no Brasil, os poetas do participacionismo oficial, que condenam por igual a "arte sem mensagem", se extasiam retardatariamente com T.S. Eliot (sequer o Eliot irreverente dos poemas satíricos e anticlericais da primeira fase, mas o neoclássico, místico e mitigado dos *Quatro Quartetos*). Antonio Houaiss,

---

(2) Maiakóvski, *Poemas*, de A. e H. de Campos e Boris Schnaiderman. Rio de Janeiro, Edições Tempo Brasileiro, 1967. Também reproduzido na capa da nova edição, ampliada, da Editora Perspectiva, São Paulo, 1982.

vítima de uma revolução com aspas, enclausura-se por um ano e traduz meritoriamente o super-"formalista" *Ulysses*. E os concretos, que alguns têm como "alienados", ressuscitam o revolucionário sem aspas Maiakóvski. Estou-me lembrando daquele amigo do Oliveira Bastos com a sua estranha teoria da "estrutura de ampulheta" e/ou das "transmutações periódicas de conteúdo". Será, Bastos, mais uma troca de sinais?

(1967)

INTRADUÇÃO

só borboleta em vôo cego

na cela do viver apenas lego

as letras do meu pó no vidro austero

para a assinatura do prisioneiro

nas janelas severas do destino

vielimir khlébnikov

*O COLOMBO DOS
NOVOS CONTINENTES POÉTICOS*

Neste ano que para mim começou brabo, com Kilkerry e *Poemóbiles*, passou pela pauleira do "Pós-tudo", deu uma guinada imprevista para um Festival de Poesia em Oslo e continuou sem respiração com a *Poesia Russa Moderna* e Cage "in persona" e agora Pound, depois de mais um viva à vaia, eu esperava me recolher ao silêncio dos silêncios. Mas não dá. Ao ver tão justamente celebrado o nascimento de Pound e tão injustamente esquecido o de outro grande poeta de nossa era, também centenário, tenho que retornar ainda uma vez à cena. Questão de equilíbrio ecológico da poesia. Vielimir Khlébnikov nasceu no dia 9 de novembro na aldeia de Tundútovo, do governo de Astrakan, na Rússia, há cem anos.

Quando Khlébnikov morreu, à míngua, de septicemia, em 1922, Maiakóvski, enojado com os obituários de última hora, escreveu um texto veemente em que dizia (uso a versão para o português de Boris Schnaiderman): "Depois da morte de Khlébnikov, apareceram em diferentes jornais e revistas artigos sobre ele, repassados de simpatia. Eu os li com repugnância. Quando, finalmente, há de acabar esta comédia da cura dos mortos?! Onde estavam os que escrevem hoje, quando Khlébnikov andava vivo pela Rússia, sob os escarros da crítica? Eu conheço gente viva, que talvez não seja igual a Khlébnikov, mas que espera fim idêntico. Abandonem, finalmente, a veneração por meio de jubileus centenários, a homenagem por meio de edições póstumas. Artigos sobre os vivos! Pão para os vivos! Papel para os vivos!". A nós, que vivemos a mesma luta e talvez os mesmos conflitos para defender o novo, à distância de mais de meio século das palavras indignadas de Maiakóvski, só nos resta reivindicar a data, a contrapelo dos centenários reconhecidos, para lembrar o quanto Khlébnikov continua vivo na cabeça dos que amam a poesia. E para sublinhar a grandeza desse poeta que Roman Jakobson chegou a considerar "o mais original deste século" e que Maiakóvski considerava "o Colombo dos novos continentes poéticos".

Vielimir (cujo prenome verdadeiro era Victor) Khlébnikov estudou física e matemática, e também ciências naturais, na Universidade de Kasán, prosseguindo seus estudos científicos em Petersburgo a partir de 1908. Nos anos seguintes, depois de aplicar-se ao estudo do sânscrito e da eslavística, passou a dedicar-se exclusivamente à literatura. Já em 1910 publicava, com os irmãos Burliuk, o primeiro almanaque dos cubofuturistas, *Sadók Sudiei* (Viveiro dos Juízes). Logo seria reconhecido como o grande precursor da vanguarda poética que, então, floresceu na Rússia. Foi também, com David Burliuk, Maiakóvski e Krutchônikh, um dos signatários do manifesto "Bofetada no Gosto do Público" (1912), que, entre outras coisas, preconizava o direito de ampliar o dicionário com a criação de novas palavras, e de "permanecer sobre o rochedo da palavra *nós*, em meio ao mar das vaias e da indignação".

Parte de sua poesia foi publicada nas edições dos cubofuturistas, de pequena tiragem. O resto ficou disperso nas revistas e panfletos do grupo, ou permaneceu ignorado, até ser recolhido por Iúri Tinianov e Nicolai Stepánov nos anos 1928-33, em cinco volumes. Mais tarde, em 1940, saiu em Moscou um volume de obras inéditas. Stepánov publicou também duas pequenas antologias expurgadas de muitos dos poemas mais ousados: um Khlébnikov domesticado, "ad usum Stalini". Finalmente, a Wilhem Fink Verlag, de Munique, publicou, entre 1968 e 1972, as suas *Obras Reunidas*, juntando em quatro volumes fac-similados as edições anteriores. Na própria URSS não houve nova edição das obras integrais de Khlébnikov.[1] "Ele foi negligenciado por nossa literatura, ainda que

---

(1) O texto é de 1985. Em 1987, Boris Schnaiderman trouxe da URSS uma nova edição das obras do poeta — a antologia *Tvoriênia*, publicada em 1986 pela editora Escritor Soviético, de Moscou — "uma vasta coletânea, de 736 páginas, fartamente ilustrada, correspondendo, pela extensão, a cerca de dois terços dos cinco volumes de *Obras Reunidas*". Tiragem: 200 mil exemplares. Cf. "Permanência de Khlébnikov", de Boris Schnaiderman, em "Folhetim" nº 560, *Folha de S.Paulo*, 30/10/87. (Nota para esta edição.)

tivesse sido um mestre completo; todo o seu ser pulsava de futuro", diz o crítico Víctor Shklóvski, companheiro dos cubofuturistas, no seu livro *Sobre Maiakóvski*, publicado em 1940 e, por sua vez, reeditado em 1964 e 1966 com várias passagens suprimidas pela censura soviética (Shklóvski foi acusado pelos burocratas do realismo socialista de tentar reabilitar o Formalismo...).

A poesia de Khlébnikov tem as características de uma permanente exploratória vocabular. Mas embora dado como um dos criadores da poesia *zaúm* ou transmental, identificada com a criação de vocábulos autônomos, puramente sonoristas, ele não partiu, como Krutchônikh, para a radical dessemantização das palavras. Optou por um trabalho mais consistente de reelaboração da linguagem, através da criação de neologismos baseados nas virtualidades do idioma, como fica patente no poema *A Encantação pelo Riso* (1910), traduzido por Haroldo de Campos, que extrai da raiz *smie-*, de *smiekh* (que significa "riso" em russo), e de suas derivações e paramorfismos toda uma fenomenologia do rir, explodindo em hipnótica insurreição sonora:

> Ride, ridentes!
> Derride, derridentes!
> Risonhai aos risos, rimente risandai!
> Derride sorrimente!
> Risos sobrerrisos — risadas de sorrideiros risores!
> Hílare esrir, risos de sobrerridores riseiros!
> Sorrisonhos, risonhos,
> Sorride, ridiculai, risando, risantes,
> Hilariando, riando,
> Ride, ridentes!
> Derride, derridentes!

A propósito deste poema, disse à época o crítico Korniei Tchukóvski: "Pensem por quantos anos, séculos, milênios a poesia foi prisioneira da razão, da psicologia, da lógica, e a palavra foi escrava do pensamento, e eis que aparece um paladino, um herói, e sem nenhuma cruzada, pacificamente, apenas com um sorriso, destrói essas cadeias seculares...".

Maiakóvski afirma que o caráter conclusivo das obras impressas de Khlébnikov é pura ficção e que os seus amigos cubofuturistas escolhiam em meio ao amontoado dos seus rascunhos aqueles que lhes pareciam mais valiosos e os davam a imprimir. Nisto o poeta se aparenta ao brasileiro (e também centenário) Kilkerry, que sabia os seus poemas de memória e, segundo depoimento de Jackson de Figueiredo, "quando os escrevia, era ora nas paredes, ora em trapos de papel ou páginas de livros, no mais absoluto alheamento à ideia de os publicar". Dispersivo e desprendido, como Kilkerry, era também como este dotado de extraordinária perícia técnica. Basta conferir o seu poema "Rázin", sobre a revolta cossaca — uma longa peça, toda ela construída com mais de quatrocentos versos palindrômicos (*piéreverti*). Ou "O Grilo" (de 1908 ou 1909), por mim traduzido, em que Jakobson observa a coerência aliterativa — no original, cadeias de cinco consoantes no primeiro período, dentre as quais avulta a sequência de "l" (eles), mantida na tradução:

> Aleteando com a ourografia
> Das veias finíssimas,
> O grilo
> Enche o grill do ventre-silo
> Com muitas gramas e talos da ribeira.
> — Pin, pin, pin! — taramela o zinziber.
> Oh, cisnencanto!
> Oh, ilumínios!

Este poema exibe também alguns dos procedimentos composicionais de Khlébnikov, que se aproximam das "palavras-valises" de Lewis Carroll e das telescopagens vocabulares de Joyce. Assim, a formação de neologismos como "aleteando" (*krilishkúia*, gerúndio de um verbo criado a partir do substantivo *krílishki*, "asinhas"), "ourografia" (*zolotopismó*, de *zóloto*, "ouro", e *pismó*, "escrita"), "cisnencanto" (*lebedívo*, de *lébed*, "cisne", e *divo*, "maravilha"), aos quais eu acrescentei um khlebnikoviano "ilumínios" (iluminações + alumínios, exponenciando a raiz latina *lumen*). "A imaginação poética de Khlébnikov", diz o crítico Vladimir Markov, "é inacreditável, quase inumana. O leitor é muitas vezes incapaz de acompanhá-la e desiste, exausto. Seu leque poético, quer se trate de ideias, temas ou artifícios, é enorme, ele facilmente apequena todos os seus companheiros;

mesmo Maiakóvski parece convencional, estreito e monótono perto dele. Contudo, a importância genuína e peculiar de Khlébnikov é algo que só o futuro revelará completamente e nesse sentido ele permanece um verdadeiro futurista." (*Russian Futurism: A History*, 1969)

Khlébnikov era uma estranha personalidade. Um andarilho, um vagamundo que, de quando em quando, desaparecia de vista. "Não se podiam compreender nem os motivos, nem os prazos de suas viagens", diz Maiakóvski. "Para onde vai?", perguntavam os amigos, perplexos. "Para o sul, é primavera!" Convocado na guerra de 14, prestou serviço militar na infantaria russa. Em Khárkov, durante a guerra civil, foi preso pelos "brancos" como espião e depois colocado num hospital psiquiátrico. Em 1920, estava em Baku, trabalhando na Agência Telegráfica do Cáucaso. Em 1921, partiu para a Pérsia com o Exército Vermelho e, segundo Ripellino, se fez "leitor de cultura política no exército popular iraniano". Voltando à Rússia, emprega-se como guarda-noturno da Agência Rosta, em Piatigorsk, para não morrer de fome. Em novembro de 1921, seguiu, já muito doente, para Moscou, no vagão dos epiléticos. Tinha esperança de publicar os seus escritos. Mas acabou vivendo seus derradeiros dias em condições de extrema penúria. Conta-se que nos últimos tempos vestia apenas uma pesada capa de pele sobre o corpo nu. Sua morte ocorreu na aldeia de Santalovo, governo de Nóvgorod, em 28 de junho de 1922. Alguns dias antes da publicação de seu importante poema dramático, *Zanquézi*, onde se lê: "a mim, borboleta, extraviada/ no quarto da vida humana/ cabe deixar a escrita do meu pó/ na janela severa pela assinatura do prisioneiro" (tradução literal).

Esse poeta errático e maltrapilho, que se proclamou Rei do Tempo Vielimir I, era amado e respeitado não só pelos cubo-futuristas, mas também por poetas independentes como Pasternak e Mandelstam, ou pelos imaginistas Marienhof e Iessiênin, que, numa cerimônia pública no Teatro Comunal de Khárkov, em 1920, o proclamaram Presidente do Globo Terrestre numa bufoneria anárquica que faz lembrar as sessões dadá-futuristas ou ainda a igreja criada por Erik Satie, "L'Église Métropolitaine d'Art de Jésus Conducteur", em nome da qual, como chefe supremo, ele emitia bulas, anátemas e excomunhões contra os seus críticos.

Mas Khlébnikov, profético e visionário, cultivava realmente entre as suas fantasias a de fundar uma sociedade de presidentes do Globo Terrestre — associação platônica de poetas, filósofos, sábios, revolucionários (ao todo 317), que governaria o mundo. Imaginava também cidades futuras fabricadas de alvéolos de vidro. Assim como uma língua universal, "estelar", baseada no significado simbólico das letras do alfabeto, "uma língua sem finalidades práticas", explica Ripellino, "composta de siglas mágicas e de encantamentos, como o cifrário de uma seita religiosa". Nesse horizonte, em que se cruzavam o futurista e o futurólogo — não de todo absurdo, já que ele previu, num texto de 1912 publicado em "Bofetada no Gosto do Público", o ano da Revolução de Outubro —, explodiam as intuições e as invenções do poeta, o santo sacrílego das hostes aguerridas da vanguarda russa do início do século, uma das mais extraordinariamente ricas das artes contemporâneas, como vem se tornando cada vez mais evidente, apesar da censura ou do desinteresse da burocultura oficial soviética.

O leitor brasileiro poderá encontrar numerosos poemas de Khlébnikov na antologia *Poesia Russa Moderna* (Brasiliense), em versões poéticas de Haroldo de Campos e minhas, que contaram com a revisão de Boris Schnaiderman. O livro *Ka*, com tradução de Aurora Fornoni Bernardini e posfácio de Boris Schnaiderman, foi belamente editado pela Perspectiva, em 1977.

Há muitas alusões a Khlébnikov em *A Poética de Maiakóvski* (Perspectiva) de Boris, onde se encontra, na íntegra, o artigo de Maiakóvski sobre o seu mestre e amigo. Os livros de Jakobson editados no Brasil, *Linguística, Poética, Cinema* (Perspectiva), *Linguística e Comunicação* e *Diálogos* (*com Krystyna Pomorska*), ambos da Cultrix, e o de Krystyna, *Formalismo e Futurismo* (Perspectiva), em que são analisados vários poemas de Khlébnikov, assim como o ensaio de Ripellino, *Maiakóvski e o Teatro de Vanguarda* (Perspectiva), são outras importantes fontes de referência à disposição dos que se interessem pelo grande "inventor" da poesia russa moderna. As traduções de seus poemas aqui incluídas pertencem à antologia mencionada, com exceção de "Só, borboleta...", fragmento de *Zanguézi*, que foi especialmente recriado, numa paráfrase visual — uma *intradução* —, para esta homenagem. Para completá-la escolhi algumas das mais instigantes opiniões que encontrei sobre o poeta, de seus contemporâneos e de seus estudiosos.

(1985)

SOBRE KHLÉBNIKOV

"Khlébnikov parecia um pássaro doente, desgostoso de que olhassem para ele." (SHKLÓVSKI)

"Dos seus cem leitores ao todo, cinquenta o chamavam simplesmente de grafômano, quarenta liam-no por gosto e, ao mesmo tempo, espantavam-se porque daquilo não resultava nada, e apenas dez (os poetas futuristas, os filólogos da Opoiaz — Associação para o Estudo da Linguagem Poética) conheciam e amavam este Colombo dos novos continentes poéticos, hoje povoados e cultivados por nós." (MAIAKÓVSKI)

"Era semelhante em espécie a um passarinho pensativo com as longas mãos e com o seu hábito de descansar sobre um pé, com seu olho atento, com suas migrações imprevistas, e as precipitações dos espaços, e as fugas para o futuro." (ASSIÉIEV)

"Ele é cidadão de toda a história, de todo o sistema da linguagem e da poesia. Uma espécie de Einstein idiota, que não soubesse distinguir se está mais perto de uma ponte ferroviária ou do *Canto do Exército de Igor*. A poesia de Khlébnikov é idiota no sentido autêntico, grego, não ofensivo, da palavra." (MANDELSTAM)

"O gênio de Khlébnikov é tão surpreendente em seu transbordamento do oceano-palavra que nós permanecemos nas praias da sua criação, nós ficamos fascinados por suas vagas profundas." (KAMIÊNSKI)

"Em nome de uma perspectiva literária exata, considero meu dever escrever preto no branco, em meu nome e, sem dúvida alguma, em nome dos meus amigos, os poetas Assiéiev, Burliuk, Krutchônikh, Kamiênski e Pasternak, que nós o considerávamos e continuamos a considerá-lo como um dos nossos mestres em poesia e como o magnífico e honestíssimo paladino de nossa luta poética." (MAIAKÓVSKI)

"Antes que Joyce amadurecesse a sua extraordinária revolução na linguagem literária, Khlébnikov já publicava poemas em que são evidentes

os elementos pré-joyceanos. Antes que dadaístas e surrealistas expusessem preto no branco a sua subversão dos valores consagrados em arte e literatura, Khlébnikov já fazia pré-dadaísmo e pré-surrealismo. Profeta de um mundo em que a técnica se alia à arte, sonhou cidades mirabolantes em meio à 'velha Rússia de atoleiro' (expressão de Maiakóvski). Como impedir que Khlébnikov assuma o lugar que lhe é devido em nossa cultura?"
(BORIS SCHNAIDERMAN)

À MARGEM DA MARGEM

DOS EUA

*POUND MADE (NEW) IN BRAZIL**

A poesia de Ezra Pound foi praticamente ignorada pelo nosso Modernismo. Uma das raras referências à obra de Pound provindas de um modernista se encontra, sintomaticamente, num livro que não trata de literatura — a *Pequena História da Música* (1944), de Mário de Andrade. Pound é aí mencionado não como poeta ou crítico literário, mas como um experimentalista instrumental, ao lado de Kurt Weill, Manoel de Falla e Anton Webern. Não há, no livro, indicação precisa da obra que teria levado Mário a incluí-lo, entre músicos que empregavam "os mais desusados e curiosos instrumentos solistas", nessa pequena enumeração caótica em que aglomera compositores tão díspares. É possível que lhe tenham chegado ecos das audições da ópera *Villon*, de Pound, que teve alguns trechos executados em 1926 na Salle Pleyel, em Paris, por um tenor e um baixo, acompanhados de cravo, corne francês e violino. De qualquer forma, a citação oblíqua do "músico" Ezra Pound demonstra quão mal-informado andava o nosso Modernismo a respeito dos desenvolvimentos da poesia anglo-saxônica. Mário de Andrade, que não conhecia o poeta Ezra Pound, chegou todavia a abeberar-se no "amygismo" — a diluição do imagismo poundiano —, como se verifica do seu estudo-manifesto *A Escrava que não é Isaura* (1922), no qual traduziu um poema de Amy Lowell. No período modernista, ao que se sabe, apenas Jorge de Lima, dentre os poetas, procurou algum contato com a obra de Pound.

(*) O presente estudo, revisto e adaptado para este livro, foi publicado originalmente em versão francesa no primeiro dos dois grandes tomos que os *Cahiers de L'Herne* dedicaram a Ezra Pound (Paris, Éditions de L'Herne, 1965).

A chamada "geração de 45", dos poetas brasileiros do após--guerra, constituiu principalmente uma reação às tendências mais radicais da poesia modernista, expressas com maior consequência no poema-minuto, no poema-piada, no poema antiverso de Oswald de Andrade, então ainda vivo e atuante. A pretexto de excessiva liberdade e falta de rigor, operava-se o retorno aos moldes clássicos e às formas fixas pré-modernistas. Por outro lado, reagia-se ao monolitismo da influência francesa, até então dominante em nossa literatura, e ao impressionismo crítico, cada vez mais gratuito e sentimentaloide, que, praticado por vários dos remanescentes de 22, ameaçava diluir as próprias conquistas do Modernismo num banho de moleza e tolerância. Tal reação se processou, em grande parte, através de uma tomada de consciência da contribuição anglo-saxônica, especialmente a dos "poetae docti", como Eliot, e das pretensões cientifizantes do "new criticism". Era natural, assim, que alguns poetas e críticos começassem a travar conhecimento com a obra de Pound. A "geração de 45" ouviu falar de um poeta-louco, acusado de traição em seu país, autor de um poema difícil e fragmentário chamado *The Cantos*. Mas não se achegou a ele, senão superficialmente. Não o compreendeu. Nem tentou compreendê-lo. Preferiu a companhia mais tranquila de Eliot, cuja evolução regressiva, do modernismo de *The Waste Land* para o neoclassicismo dos *Four Quartets* e das peças teatrais lhe parecia o caminho a seguir, e cuja obra eclética, com suas componentes iguais de modernismo e conservadorismo, vinha a calhar para a satisfação da "angústia de seriedade" de que se achavam possuídos os novos críticos — os "chato-boys", como os chamava o irreverente Oswald, temperamento polêmico, *à la* Pound. Oswald, que intuitivamente aplicara em *Pau-Brasil* (1925) técnicas poundianas de montagem de citações, ao reelaborar textos dos nossos primeiros cronistas e conferir-lhes categoria de poemas autônomos, chegou a aflorar, em sua última fase, o universo criativo da poesia de Ezra Pound. E esse ligeiro contato foi suficiente para que o compreendesse mais e melhor do que os poetas de "45". Há em seu inédito "Diário Confessional" (de que se publicaram algumas páginas na revista *Invenção* nº 4 — dezembro de 1964) um pequeno trecho revelador de como ele soube sentir a novidade estrutural trazida pelo criador dos *Cantos*, associando-a, de resto, com pertinência, à do *Ulisses* de Joyce, obra que considerava fundamental e com a qual apresentam pontos de contato os seus romances *Memórias Sentimentais de João Miramar* e *Serafim Ponte Grande*: "A poesia de Pound parece não ter centro — Joyce se guiou no caos de um dia de Dublin pelo mito da viagem de Ulisses" (20/5/49).

Foi a geração subsequente à de "45", surgida ainda na mesma década, que tomou contato em profundidade com a obra de Ezra Pound, dela extraindo novas resultantes para a evolução da poesia brasileira. Por volta de 1949, Décio Pignatari, Haroldo de Campos e eu começamos a nos dedicar ao estudo da poesia e da crítica poundianas. E, a despeito de não concordarmos com as opções políticas de Pound, passamos a participar ativamente da reabilitação literária do poeta americano, numa fase em que os slogans apressados de "traição" e de "fascismo" serviam de pretexto para que sua poesia fosse negada em toda a parte e omitida em sua própria terra por curiosos "rituais", expressão com que James Blish estigmatizou as várias modalidades de escamoteação da obra poética de Pound pela crítica americana.[1] Em 1952, tomamos como lema de nossas próprias experiências poéticas a palavra *noigandres*, de significado enigmático, extraída de um poema de Arnaut Daniel, "il miglior fabbro", o trovador provençal estimado por Pound como paradigma dos *inventores* ("Noigandres, eh, *noi*gandres,/ Now what the DEFFIL can that mean!", Canto xx). E constituímos sob esse nome uma revista e um grupo que iria, por volta de 1953, desembocar num movimento: a *poesia concreta*.[2] Mantivemos correspondência com Pound quando este ainda se encontrava no St. Elizabeth's Hospital e colaboramos nas raras publicações americanas dispostas a estudar seriamente a sua obra, como *The Analyst* e *The Pound Newsletter*.[3] Propusemo-nos também a tarefa de recriá-la em português, e assim nasceu a tradução em equipe de dezessete Cantos, publica-

---

(1) James Blish, "Rituals on Ezra Pound", em *The Sewanee Review*, Sewanee, Tennessee, vol. LVIII, nº 2, abril-junho de 1950, pp. 185-226.

(2) *Noigandres* nºˢ 1 a 4 (1952-8); nº 5, uma antologia: do verso à poesia concreta (1962), São Paulo, edições dos autores.

(3) *The Analyst*, editado por Robert Mayo, Northwestern University, 1953-7; *The Pound Newsletter*, editado por John Edwards, University of California, 1954-6.

da, afinal, em 1960. O seu título — *Cantares* — seguiu indicação do próprio Pound, em carta de 11/4/57: "If not too late can you use the title *cantares*..." "... cantares de gesta being nearer the real nature of the poem than 'cantos'/ it is the tale of the tribe/ and had no title other than 'a poem of some length, when the 17 and 27 were done, labeled 'draft'." A partir dessa publicação, e já antes, através dos artigos e manifestos da *poesia concreta*, problemas fundamentais da obra poundiana — como o método ideogrâmico aplicado à poesia e à crítica, as técnicas poéticas da montagem e do mosaico idiomático, o levantamento dos poetas-inventores, a tradução como criação, passaram a ser "digeridos" cada vez mais intensamente pela jovem poesia brasileira. O poeta Mário Faustino, falecido em circunstâncias trágicas, em 1962, deu também contribuição de relevo para a divulgação e a discussão da obra de Pound, de que fez numerosas e excelentes traduções, mormente dos poemas de *Personae*. Faustino aplicou à crítica militante e ao ensaio didático sobre poesia a metodologia crítica poundiana, e o fez exemplarmente, no espírito e no estilo de suas abordagens. Em 1958, dedicou a Pound uma série de estudos, que constitui o mais completo trabalho de levantamento feito no Brasil sobre o poeta americano. A morte prematura de Faustino impediu que reunisse em livro esses trabalhos, publicados entre 1956-9 no suplemento literário do *Jornal do Brasil*.[4] José Lino Grünewald, da mesma geração, viria associar-se ainda, com traduções e estudos críticos, aos melhores intérpretes da poesia de Pound entre nós.

A *poesia concreta* brasileira deveu muito a Pound, menos como influência poética direta — já que essa poesia, abolindo o discursivo, partiu para uma radicalização de métodos que se afastava por completo das perspectivas de um poema "épico" — do que como instigação crítica e ético-estética. A grande contribuição que os *poetas concretos* vislumbraram na obra de Pound, do ponto de vista da evolução das formas poéticas, foi a aplicação do método ideogrâmico, como um processo consequente de superação da linearidade lógico-discursiva do verso.

---

(4) Os referidos estudos foram incluídos no volume: Mário Faustino, *Poesia-Experiência*, São Paulo, Editora Perspectiva, 1976.

Um dos aspectos interessantes que se poderá assinalar nos estudos brasileiros sobre a obra de Pound será, talvez, a aproximação estabelecida entre certas técnicas utilizadas nos *Cantos* e em *Un Coup de Dés*, ainda que Pound, no dizer de Eliot, "ignore Mallarmé", em seus ensaios sobre a poesia francesa.[5] O fato é que a realidade da obra sobreleva a opinião ou o conhecimento do autor. E, partindo-se dessa realidade, é possível estabelecer um paralelo entre a estrutura fugal, contrapontística, do *Coup de Dés* e a dos *Cantos*. Descontadas as diferenças de perspectiva que separam os dois autores, e que no plano estilístico começariam a se evidenciar a partir do uso do léxico — a palavra ambígua de Mallarmé x o *mot juste* de Pound — numa oposição, por assim dizer, *dialéxica*, ambos teriam um ponto comum na estruturação musical dos temas. Em Mallarmé, segundo sua própria definição (prefácio à edição de *Un Coup de Dés*, na revista *Cosmopolis*): "esse emprego a nu do pensamento com retiradas, prolongamentos, fugas", a tessitura dos "motivos" (preponderante, secundário, adjacentes), tudo isso "realizado sob uma influência [...] estranha, a da Música ouvida em concerto". Em Pound, a estrutura do contraponto (carta de 11/4/27 a seu pai, Homer L. Pound): "mais ou menos como tema, resposta e contratema numa fuga". Seria esse, em suma, o momento de encontro na evolução das formas poéticas, entre as duas obras, além das repercussões de tais técnicas ao nível visual dos textos, as quais explicariam outras afinidades entre um poema que Valéry denominou "espetáculo ideográfico" (*Varieté II*) e o que Pound concebeu, em grande parte, como uma extensão das virtualidades poéticas do ideograma chinês. Tal aproximação, de resto, não seria desalentada por um dos mais competentes críticos da obra poundiana, Hugh Kenner, que em *The Poetry of Ezra Pound* (1951) escreveu: "A fragmentação da ideia estética em imagens alotrópicas, como primeiramente teorizada por Mallarmé, foi uma descoberta cuja importância para o artista corresponde à da fissão nuclear para o físico". A comparação entre as técnicas de Mallarmé e de Pound foi desenvolvida em dois artigos que publiquei, em 1955, "Poesia, Estrutura" e

---

(5) *Literary Essays of Ezra Pound*, com uma introdução de T.S. Eliot, Londres, Faber e Faber, 1954, p. XIV.

"Poema, Ideograma".[6] Tomando conhecimento deles, o próprio EP não se mostrou fechado às suas conclusões. Numa carta de 7/4/55, dirigida a "los H. & A. de Campos / NOIGANDRES", comentava com muito "fair play", no seu típico jargão epistolográfico (aludindo à primeira edição do *Coup de Dés* na revista *Cosmopolis*, em 1897):

> as to me an' Mallarmé getting to São Paulo, simult.
> and as to what a small segment of the race runs its KULCHUR,
> it might amuse you to know that in 1897
> an imaginary spectator might have seen a y. m. on bycicle
> rushing that copy of Cosmopolis around London, the same
> known to me later as H "Bunk" Tucker (Bunk equiv.
> oncle), my wife uncle, and cousin of Lionel Johnson.
>
> (quanto a mim e a Mallarmé chegando a São Paulo, simult.
> e quanto ao pequeno segmento da raça que capta sua KULCHUR,
> vocês se deleitariam em saber que em 1897
> um imaginário espectador poderia ter visto um moço de bicicleta
> espalhando esse número de Cosmopolis por Londres, o mesmo
> que eu conheci mais tarde como H. "Bunk" Tucker (Bunk equiv.
> a tio), tio da minha mulher, e primo de Lionel Johnson.)

e, no final da mesma carta:

> There WAS a copy of the original issue of Cosmopolis in my
> ma-in-laws flat, which I must have picked up and sent to
> Rapallo in 1938/ but I dont remember seeing it since then.
> Hope it hasn't been LIBERATED.

---

(6) *Diário de São Paulo*, 20/3/55 e 27/3/55. Republicados num só artigo sob o título "Pontos — Periferia — Poesia Concreta" no *Jornal do Brasil* ("Suplemento Literário"), 11/11/56. *Nota para esta publicação*: Ao rever este artigo para adaptá-lo à publicação no Brasil, lembrei-me, neste passo, de registrar a interessante carta de Kenner, datada de 11/5/55, acusando o recebimento de *Noigandres* nº 2 (contendo os poemas em cores de "Poetamenos") e dos artigos citados: "Cavalheiros da Conspiração: Esta é para assegurar-lhes que Noigandres 2 e os recortes chegaram bem. Invejo a existência de jornais que imprimam artigos sobre tais tópicos, e admiro a impressão em cores; além disso, só poderia desejar que a minha compreensão do português fosse melhor — de fato, nada mais que uma intuição, iluminada pelo francês e pelo latim. As palavras da dedicatória são tão gentis que me fazem sentir de algum modo padrinho de um empreendimento que eu desejaria ser melhor equipado para entender. Contudo, as 'imagens alotrópicas' são um sólido princípio; se vocês conseguirem passar pelo Caribdis de Dadá, provavelmente terão realizado algo importante".

7 Ap/

as to me an' Mallarmé getting to Sao Paulo, simult.
and as to what a small segment of the race runs its KULCHUR,
it might amuse you to know that in 1897 XXHHHH
an imaginary spectator might have seen a y.m. on bicycle
rushin that copy of Cosmopolis around London, the same
know/to me later as HH " Bunk " Tucker (Bunk equiv.
oncle) , my wife uncle, , and cousin of Lionel Johnson.
And as M. Ortmans or wotever he was called left H.T.T.
I believ/e " holdin' the bag ", or whatever. At any rate
Bunk havin been left out of pocket and disillusioned
re/ the nature of belgians or frogs or whever , never did
another stroke of work till come 1914, by which time he
rolled bandages or did something or other.

Has " Vanni" sent you his wop-lications ?
Alzo . ABC for 16th March has the most sober artl/ yet
to appear in woptaly / re " Lavoro ed Usura ". AND
the wop-stone classics (Kung) Pivot is a neater vol/
than the Stewed Erection's edtn/ tho od/ not have come to
be without the latter.

Alzo Kenner in the Sewing Circle gazette on 85.
And TRAXINIAI done at Yale , with what they tell me is
decent musical setting of Xoroi. (already three
time transmitted by BBC.)

In fact the lousy radio of Baruchistan under the
Roosenhauer regime , seemA, to be gittin lonely in
its boycott. Germany, Woptaly . England, and Australia in
prospect.
Forget if you communicate with Ferssell in Stockholm ?

AND of course the " timely pubctn/ of the documents
relating to Yalta , shd/ be as balm to the parched .
I suppose it wd/ be tactful , under present circs/
to keep a few pertinent verses inedit for HHH
another few minutes.

Venzuelan consul ib New Orleans has had the bright
idea that the time approaches when it might be useful to
indulge in a little criticism of the BASIC drives,
the " underlying philosophies # of different writers
of our buggared atomic age.
    The really degraded state of a lot of the advertised
yanks. spewlitzer prize pups etc. OUGHT to supply
food for satire SOMEWHERE.
               Possibly grampa is becoming irritated
after ten years in jug , and none of the crablice
coming up with ANY comment whatsodam on the basic
issues raised in the discorsi da Roma.
    It is NOT the real Etats Unisien tradition.
a century ago american writers were not brilliant
technicians / But they were not pusillanimous lice
scared out of their diapers, mind-conditioned and
licking the boots of the publishing business.
    Old Whiskers Cullen Bryant beat up some
bastid on Broadway, for an insult to Andy Jackson , etc.
    The slow degradation under the reign of a cad, liar and
perjurer, has NOT elevated the tone of american letters.
    I wonder if you can send copies of yr/ artl/ to
Dom J.B. de Pina Martins , c/o O.Rossetti Agresti
    36 via Ciro Menotti, Roma , Italy
Sweedish and German translations any use to you ?
    try Eva Hesse , Franzjosef str 7. vi
        München 13, Germany.

as to the "exloan edtn/ of Cantares Pisanos
yr/ guess is as good as mine. The nobl
responsbl/ was hoping to get it printed before he
got the sack.

You do see the Hudson ? or not ?

yes, yes, Noigandres, V, nicely printed.

"...There WAS copy of the original issue of Cosmopolis
in my ma-in-laws flat, which I must have picked up and sent to
Rapallo in 1938 / but I dont remember seeing it since then.
Hope it hasn't been LIBERATED."

Sr/s
Los H. & A. de Campos   NOIGANDRES
                rua Claudio Espinheira 635
                     Sao Paulo
                        BRAZIL

AIR LETTER
AÉROGRAMME

VIA AIR MAIL
PAR AVION

---

and I shd/ say NOIGANDRES to
    Wm Fleming (poet 1955) 71 Hodgkinson St
            Clifton Hill, Melbourne , Australia
    &   muy simpatico
    Roger Bodart , civilized poet , pre-Mallarmeen
        23 rue Rene Christainens , Auderghem, B/
                Bruxelles, Belgique.
    whether either can translate Beleca Dif/ or present
        Mallarme / obviously the latter shd/ get to
Bodart's revue , I forget the name of it , but IT AINT
    the f/f/ d.poetes
        journal

(HAVIA um exemplar da tiragem original de Cosmopolis no apto. da minha sogra, que eu devo ter apanhado e enviado para Rapallo em 1938/ mas não me lembro de tê-lo visto desde então. Espero que não tenha sido LIBERADO.)

Numa carta posterior, de 8/7/56, ainda do St. Elizabeth's, depois de recomendar-nos enviar a "cunha de Mallarmé" a um número de pessoas, reiterava ele:

My wife's uncle was on Cosmopolis in? 1896 (or approx) when they printed Jeux de Dés.

(O tio da minha mulher estava na Cosmopolis em? 1896 (ou aprox) quando eles imprimiram Jeux de Dés.)

Finalmente, numa carta de 2/1/59, já da Itália, Tirolo, menciona de passagem as "experiências, iniciadas competentemente por Mallarmé com um coração puro", o que já é quase uma reconsideração da omissão do poeta francês no *paideuma* poundiano, implacavelmente assinalada por Eliot.

Outra consequência das instigações do método ideogrâmico aplicado à crítica, no que tange à literatura brasileira, é a revisão que se começou a fazer de sua história, com base num critério poundiano de *invenção*. O primeiro fruto dessa tomada de posição foi a redescoberta do poeta Joaquim de Sousândrade (1832--1902), cuja obra, não reeditada, se achava dispersa em "disjecta membra" pelas bibliotecas do país. Nascido no Maranhão, Sousândrade teve formação europeia, bacharelando-se em letras e em engenharia de minas em Paris. Por volta de 1870 fixou residência nos EUA, em Manhattanville, perto de Nova York. Morou também em Londres — republicano convicto, teria sido obrigado a retirar-se da capital inglesa por ter atacado a rainha Vitória num artigo de imprensa. Ao cabo de uma vida aventurosa, de prolongadas andanças pelo mundo, abandonado pela esposa e pela filha, morreu pobre e olvidado. Sua atividade poética se inicia com *Harpas Selvagens* (1857) e termina com *Novo Éden* (1893). Posteriormente, foram encontrados dois manuscritos de suas últimas produções (*Harpa de Oiro*). Mas a obra mais importante, e que desconcertou a crítica do seu tempo, é o longo poema em treze Cantos, *O Guesa Errante*, ou simplesmente, *O Guesa*, que ele começou a editar no Brasil, em 1866, e continuou a imprimir, em várias séries ("drafts", diria Pound), no exterior: em Nova York (Cantos I a IV, Cantos V e VII, Canto VIII) e em Londres, onde saiu a lume a edição mais completa.[7] E o interessante é que a obra de Sousândrade apresenta grandes afinidades com a do próprio Pound. Particularmente, o episódio que batizamos "O Inferno de Wall Street", segundo os versos do poeta ("E voltava do inferno de Wall Street..."), e que se localiza no Canto X (Canto VIII na primeira edição). Um estudo comparativo aprofundado entre Sousândrade e Pound foi efetuado na obra *ReVisão de Sousândrade*,[8] onde se reimprimiu o citado episódio.

O Guesa Errante descreve, ao sabor do périplo, as viagens do poeta pela Europa, pela África e pelas Américas, a partir dos Andes. Sousândrade traveste-se na "persona" do *guesa*, figura lendária, colhida no culto solar dos índios muíscas da Colômbia — uma criança roubada aos pais, e destinada, após longa peregrinação, ao sacrifício ritual pelos sacerdotes ("xeques"); morto a flechadas, seu coração era arrancado em oferenda ao sol e o seu sangue recolhido em vasos sagrados. Um símbolo, ao mesmo tempo, do "poète maudit" e do "bom selvagem". Da andadura clássica, geralmente em decassílabos, dominante no poema, se apartam dois longos trechos pertencentes aos Cantos II e X — séries de pequenas estrofes epigramáticas, com dramatis personae, à maneira das noites de Walpurgis do *Fausto* de Goethe, e lembrando, por outro lado, a estrutura do "limerick". O primeiro é um "sabbath" grotesco de índios do Amazonas e seus corruptos catequistas, de envolta com personalidades da história brasileira e americana. O segundo, uma burlesca mascarada intemporal, tendo como pano de fundo Wall Street, Nova York e as peripécias da "administração Grant", na década de 1870, e para onde convergem, através das manchetes dos jornais — *The New York Herald, The Sun* —, ecos dos sucessos, incidentes e conturbações internacionais, tais como a proclamação

---

(7) Joaquim de Sousândrade, *O Guesa*, Londres, The Moorfield Press, E. C., impresso por Cooke & Halsted, s. d. (1888?).

(8) Augusto e Haroldo de Campos, *ReVisão de Sousândrade*, São Paulo, Edições Invenção, 1964. (Reeditado, com acréscimos, pela Nova Fronteira, 1982.)

da rainha Vitória imperatriz das Índias (símbolo do expansionismo imperialista britânico), as guerras franco-prussiana e russo-turca. Figuras históricas e mitológicas aparecem nesses episódios, confrontadas em diálogos fantásticos. Tudo isso justaposto numa sequência alógica de narração, obedecendo antes a um critério de ordenação analógica, sintético-ideogrâmica.

Inserindo-se no bojo de um Canto dedicado aos EUA, vistos, sob a perspectiva das liberdades republicanas, como um "jovem povo de vanguarda", o "Inferno de Wall Street" vai pôr a descoberto a sua contradição, o seu câncer, no centro das especulações financeiras, concebido como um círculo infernal. É onde a cosmovisão sousandradina entra em contato com a que Pound veio a desenvolver na atualidade para os seus *Cantos*. Postas de parte as soluções extravagantes que Pound preconizou para os temas econômicos de sua obra e as equivocadas vinculações políticas que assumiu, pode-se assinalar em ambos os poetas uma aversão comum e fundamental aos poderes nefastos do dinheiro. Aquela mesma capacidade de "captar poeticamente o fenômeno da perversão da economia", para usar de uma expressão de Michel Butor a propósito de Pound (*Répertoire*, I). E assim como este proclama "bellum perenne" à Usura, assim também, para o poeta do *Guesa*, o Stock Exchange, a Bolsa, com seu macabro frenesi de especulações, é o símbolo de uma sociedade que desmorona, abalada pela avidez do dinheiro:

> ... Pára o Guesa perlustrando.
> Bebe à taberna às sombras da muralha,
> Malsólida talvez, de Jericó,
> Defesa contra o Índio — E s'escangalha
> De Wall Street ao ruir toda New York.

(versos que servem de preâmbulo ao "Inferno", no Canto X).

O século XIX é, para Ezra Pound, o "século da Usura". Para ele, a história econômica dos EUA, a partir da Guerra da Secessão, consistiria "numa série de manobras das Bolsas de Nova York e Chicago". O conceito poundiano da Usura remonta, como se sabe, ao Inferno de Dante. Não é outra a atmosfera predominante no Inferno sousandradino, que se abre, sob a invocação de três visitadores das regiões infernais — Orfeu, Dante, Enéas —, com a chegada do Guesa (ou Inca) a Wall Street; aqui, paradoxalmente, não uma descida mas uma *subida* aos Infernos, pois o poeta vem da América do Sul para os Estados Unidos.

> (O GUESA, tendo atravessado as ANTILHAS, crê-se livre dos
> XEQUES e penetra em NEW-YORK-STOCK-EXCHANGE; a Voz
> dos desertos:)
>
> — Orfeu, Dante, Æneas, ao inferno
> Desceram; o Inca há de subir...
> = *Ogni sp'ranza lasciate,*
> *Che entrate...*
> — Swedenborg, há mundo porvir?

(Notar a versatilidade tipográfica, com inovações como o uso de duplo travessão para introduzir um segundo personagem; a fisionomia gráfica dos jornais impressionou muito a Sousândrade, tal como a Mallarmé). Sob os pregões dos corretores de ferrovias, numa sarabanda em que são fustigados capitalistas e especuladores, prossegue o poema:

> (Xeques surgindo risonhos e disfarçados em Railroad-*managers*,
> Stockjobbers, Pimpbrokers, etc., etc., apregoando:)
>
> — Harlem! Erie! Central! Pennsylvania!
> = Milhão! cem milhões!! mil milhões!!!
> — Young é Grant! Jackson,
> Atkinson!
> Vanderbilts, Jay Goulds, anões!

Negocistas, banqueiros, homens da alta finança, políticos venais, são habitantes do Inferno sousandradino, da mesma estirpe dos "usurários" de Pound. Mas não é só na ideação de um inferno financeiro que se assemelham os dois poetas. Aproximam-se, também, por diversas características estilísticas: a técnica imagista, a dicção sintético-ideogrâmica, que envolve processos como a compressão da história, montagens de citações coloquiais ou literárias ou de "faits divers" da época, "pot-pourri" idiomático, fusões de "personae", além do fragmentarismo conversacional, daquela espécie de jornalismo a-temporal típico dos *Cantos*. No "Inferno de Wall Strect" tudo é matéria dialogada. As personagens — como as *máscaras* poundianas — assumem a iniciativa do discurso. Travessões simples ou duplos assinalam as falas. Os breves trechos em prosa que antecedem as estrofes funcionam à maneira de resumos da ação ou marcações cênicas. É um teatro minimizado, caleidoscópico, onde tudo muda vertiginosamente como num palco giratório.

Veja-se, a título de exemplo, a estrofe a seguir, onde latim, francês e inglês se entremeiam, numa alusão ao "affair" Beecher-Tilton, escândalo que envolveu o famoso pregador Henry Ward Beecher, chefe da igreja de Plymouth, acusado de adultério com uma sua paroquiana, esposa do jornalista Theodore Tilton:

(Dois renegados, católico, protestante:)

— *Confiteor, Beecherô... L'Épouse*
N'eut jamais d'aussi faux autel!
— *Confiteor... Hyacinth*
Absinth,
Plymouth was barroom, was bordel!

Ou ainda estas, que têm como tema o caso do *Alabama*, o navio corsário armado pelos ingleses para os sulistas, na Guerra da Secessão, e que pôs em litígio os EUA e a Inglaterra, contribuindo para a queda de Gladstone:

(GLADSTONE pagando à tesouraria de WASHINGTON os milhões da arbitração de GENEBRA:) .

— *Very smarts! Ô! Ô! Very smarts!*
Mas pôs o Alabama pra trás
Aos *puffs*-Puritanos
Cem anos!
Sobre-*rum*-nadam *fiends, rascáls,*

Post war Jews, Jesuítas, Bouffes
Que decidem de uma nação
A cancan!... e os ἥρως
Homeros
De rir servem, não de lição!

Estrofes que lembram, pela ironia e concisão, algo do *Hugh Selwyn Mauberley.*

Que Sousândrade se haja revelado, sob muitos aspectos, um precursor do próprio Pound, não deve causar estranheza: trata-se de um acaso possível e detectável na faixa da literatura comparada através dos métodos da pesquisa arqueológico-prospectiva que Pound foi colher, como imagem para sua crítica ideogrâmica, na obra de Frobenius: "Onde encontramos esses desenhos na rocha havia sempre água a seis pés da superfície". "Essa espécie de pesquisa", comenta Pound em *Guide to Kulchur*, "não se dirige apenas ao passado e à vida esquecida, mas também aponta para o suprimento de água do futuro."

Ao lado de outros poetas visitantes dos EUA, como, em nossos dias, Maiakóvski, Lorca e mais recentemente Michel Butor — cujo *Mobile*, pela singularidade de sua armação textual, não receio incluir entre as obras de poesia —, Sousândrade deixou, em 1877, um raro e precursor *carnet de voyage*, no estranho *quilt* do "Inferno de Wall Street". Falar tão extensamente dele, num trabalho dedicado a Ezra Pound, pode parecer impertinente. Mas é, ao meu ver, um modo bem poundiano de homenagear o poeta americano. Homenageá-lo, *making new. Made in Brazil.*

(1965)

OBJETIVO: LOUIS ZUKOFSKY

I

A vanguarda poética norte-americana, da linha visual/objetiva, sofreu duas graves perdas nos últimos anos, com a morte de e. e. cummings e de William Carlos Williams.[1] A estes nomes ter-se-ia que acrescentar o muito menos notório de Bob Brown, falecido aos 74 anos, em 1959, quando se republicava o seu livro de "poemas óticos", *1450-1950*, editado pela primeira vez em 1929 — textos manuscritos, combinando desenhos e palavras, numa fisiognomia poética que preenche um claro entre Apollinaire e cummings. Um poeta da geração dos "late twenties" é agora o único remanescente do aspecto "objetivista" dessa tendência, que não deixa de ter raízes no "grandpa" Ezra Pound, ainda vivo e talvez produtivo apesar da idade e da doença. Trata-se de Louis Zukofsky, americano de Manhattan, descendente de judeus, já sexagenário e, no entanto, praticamente desconhecido entre nós.

Seu descobridor foi Pound, que ainda hoje invoca em defesa própria, contra a acusação de antissemitismo, a sua amizade por Zukofsky (Zuk, ou simplesmente Z, como o tratava em suas cartas) e o fato de lhe ter dedicado um de seus mais importantes livros de crítica, *Guide to Kulchur* ("A Louis Zukofsky e Basil Bunting, lutadores no deserto"). "Zukofsky, um experimentalista sério", diria EP numa carta de 1935 a Carlo Izzo. Já antes, em 1928, fizera publicar no 3º número da revista *Exile* o

(1) 1964.

"Poem Beginning 'The'" (Poema começando com "A"), de Zukofsky, consistente em 330 linhas numeradas, recheadas de citações e paráfrases, e dividido, como uma peça musical, em seis movimentos. Uma dessas produções naturalmente refratárias a editores, já pelo seu aspecto insólito, que extrapolava da faixa do "poético", senão da própria "poesia", para a área mais abrangente do "texto", ligando-se ainda pela construção dos temas à ideia de estrutura em fuga (sujeito, resposta, contrassujeito) aplicada por Pound aos seus *Cantos*. Graças também à intervenção de EP, a diretora da revista *Poetry*, Harriet Monroe, permitiu, alguns anos depois, que Zukofsky editasse um número "objetivista" (fevereiro de 1931). Uma nova antologia do grupo foi organizada por ele, no ano seguinte. Com William Carlos Williams e outros desenvolveu a teoria da poesia objetivista, assim explicada pelo primeiro: "O poema, como toda e qualquer forma de arte, é um objeto, um objeto que apresenta em si mesmo, formalmente, o seu invólucro e o seu significado, pela própria forma que assume. Por conseguinte, sendo um objeto, deve como tal ser tratado e controlado — mas não como antigamente. Pois os objetos do passado têm em torno de si necessidades passadas — como o soneto — que os condicionaram e das quais, enquanto forma, não se podem libertar".[2] O movimento chegou a criar a sua própria editora — The Objectivist Press —, tendo como diretores Pound, Zukofsky e Williams, a qual não foi além de uns poucos volumes, entre eles a *Antologia Objetivista*, já mencionada, e os *Poemas Coligidos de William Carlos Williams*, prefaciados por Wallace Stevens.

Kenneth Rexroth, num ensaio polêmico sobre a nova geração,[3] destaca, dentre as produções do final dos anos 20, a "intrincada poesia cubista de Zukofsky, tão afim à de Reverdy e Salmon". Fazendo um levantamento das influências ou ante-

---

(2) Apud Charles Norman, *Ezra Pound*, Nova York, Macmillan Co., 1960, p. 308. No volume há várias referências ao contato entre EP e Zukofsky, particularmente no capítulo "Pound and *Les Jeunes*".

(3) Kenneth Rexroth, "The World Is Full of Strangers", em *New Directions 16*, Nova York, 1957, pp. 190 e 195.

cedentes dos mais novos, traz à baila os nomes de Rimbaud, Mallarmé, Apollinaire, Reverdy, Artaud, Céline, Arp, Pound, WCW, Gertrude Stein, Henry Miller e o do próprio Zukofsky, e sublinha a presença de Mallarmé em termos que não desagradariam à *poesia concreta* brasileira: "Mallarmé, especialmente naquilo em que é mais esquivo e ambicioso. Não é por acaso que só recentemente seu único poema maior, *Un Coup de Dés*, foi traduzido — embora eu suponha que haja sido uma das principais influências sobre Zukofsky, Tyler, Lowenfels e minha própria obra inicial. Afinal, não se trata apenas de um 'tour de force' técnico, o poema tem uma mensagem — '*tudo* perece' — que de certo modo parece mais cogente hoje em dia". A suposição de Rexroth, com respeito a Zukofsky, parece infundada — pelo menos o poeta, por mim consultado, a desautoriza, afirmando não simpatizar com o "ouropel de Mallarmé" e ter uma vaga lembrança de ter visto *Un Coup de Dés* por volta de 1934, sem que, de qualquer forma, o poema lhe tivesse deixado alguma impressão mais funda. Mas a relação vislumbrada por Rexroth é tanto mais aceitável quando se considera, frente à poesia objetivista, a descarnada e geométrica estrutura pré-cubista do *Lance de Dados* — o poema de um outro Mallarmé, tão menos conhecido, esse Cézanne da nova poesia. O "emprego a nu do pensamento", de que fala o último e mais novo Mallarmé, se casaria bem com a poética de Zukofsky, cujo objetivismo explica, por seu turno, a desconfiança do poeta americano diante de certas vaguidades simbolistas e a sua visão negativa (como a de Pound, de resto) da face mais conhecida de Mallarmé, que é também a mais deformada em língua inglesa pelas diluições via Swinburne e outros.

Poesia antidecorativa, antimagniloquente, a de Zukofsky. De objetivação absoluta, captando o poético das coisas através de uma incisão tão precisa na realidade que chega às fronteiras do não-poético e parece sustentar-se apenas em sua máxima precisão. Como neste poema, "bric-à-brac" cotidiano, objeto:

OUTRO CINZEIRO (1958)

>Três
>cães
>carmesins
>acossam
>o chicote
>numa bota
>sobre uma
>perna.

Ou neste outro, do mesmo ano, forjado com notícias de jornal — uma composição da estirpe das que Oswald de Andrade fabricou com nomes de casas comerciais ("Nova Iguassú") ou de livros ("Biblioteca Nacional") e cujo título trocadilhesco (HEAD LINES = cabeçalhos e/ou linhas na cabeça), de impossível tradução, verto desoladamente por MANCHETES:

>Uma crônica de São Francisco.
>A voz do Oeste.
>
>Paternidade: 2 homens dizem
>que desejam menino.
>
>"Eu sou o pai",
>dizem ambos.
>
>Khruschóv
>recusa-se a debater
>satélites.

Mesmo os momentos líricos ou dramáticos dessa poesia aparecem despojados de qualquer sentimentalismo e extraem sua eficácia do comedimento. Veja-se como Zukofsky explicita a sua autoconsciência do envelhecer, num poema limpo e límpido, isento de qualquer afetação:

POEMA 36 (1941)

      Estranho
Atingir esta idade,
    relembrar
  um tempo,
E pleno
  por um momento
    ser jovem

Zukofsky tentou também a prosa criativa. Sua experiência mais realizada nesse campo me parece ser o pequeno texto *Thanks to the Dictionary*, escrito em 1932 — tentativa de desenvolvimento de temas aliterativos a partir das palavras "em estado de dicionário", na confluência de Joyce e Stein. Escolho, para amostra, um trecho não desprovido de seu laivo malarmaico, onde o personagem David emerge de um fluxo aleatório de verbetes da letra D:

GRAUS

Graças ao dicionário, este livro terá um prefácio. Como se contra qualquer ditador, há este livro contendo as palavras de uma linguagem, modos de expressão, dicção. Como um jardineiro desbasta a terra, como um ganso debica na água para comer, acaso ou descaso, a página pela mão abrindo este livro será lançada, e a impressão cairá como cubos de osso ou de marfim marcados de cada lado, de um a seis pontos. (Mais!) Como se contra qualquer ditador, dicasta ou leitor, esse moderno jurado com funções de juiz, as palavras, simples pulsações de cada sístole do coração, a exercer seu comando sobre duas cabeças — como diazinas sua própria classe cíclica de compostos, seus anéis, que se sustêm, compostos de seus próprios átomos: Dicentra; pequenas, delicadas plantas vivazes, racimos de flores pendentes, em forma de coração, róseas ou amarelas, o "coração ardente" é bem conhecido; cristais duplamente refratados exibindo diferentes cores quando vistos de diferentes direções; soluções diversamente coloridas por diferentes graus de concentração; dicastas infensos ao daltonismo azul-verde ou vermelho; dicotiledôneos; dibásico, sem divergência; à pág. 327, Dickson City, um burgo em Pennsylvania; à pág. 303, a mão de volta, eis David.

A obra de Zukofsky, quase toda dispersa em pequenos volumes de tiragem limitada, na maior parte esgotados, começa a ser

117

reconhecida e melhor avaliada, a julgar pela grande e luxuosa edição de seu último livro de crítica, BOTTOM: ON SHAKESPEARE, lançado, em 1963, pela Universidade do Texas. Bastante recentes são também: IT WAS, que contém a prosa de *Thanks to the Dictionary* — edição reduzidíssima, com apenas 250 exemplares (1961); e as pequenas antologias parciais de sua poesia, 16 ONCE PUBLISHED, impressa em 1963 pelo poeta concreto escocês Ian H. Finlay; FOUND OBJECTS, deste ano. Refiro-me aos livros que me chegaram às mãos. Em 1963, saiu ainda uma nova coletânea de poemas, de título altamente significativo, como autodefinição da poética de Zukofsky: I'S (PRONOUNCED EYES) — outro irreversível jogo de palavras em que se superpõem a visão e a personalidade do poeta.

BOTTOM: ON SHAKESPEARE constitui um item à parte na bibliografia de Zukofsky. "Há nele (eu espero) uma porção de coisas que poderão interessar ao *plano piloto* de vocês", me disse o poeta numa carta (aludia ao Plano Piloto para a Poesia Concreta, que lera na versão inglesa).[4] E, noutra carta: "É todo ele sobre o OLHO etc.". O texto a seguir é dedicado a esse importante ensaio, que visualiza Shakespeare sob uma nova e instigante perspectiva.

II

Em meio às homenagens mais ou menos rotineiras com que o gênio shakespeariano é reverenciado neste ano comemorativo, certamente haveria de passar despercebido o estranho e raro livro de Louis Zukofsky, BOTTOM: ON SHAKESPEARE.[5] Trata-se

(4) Texto teórico de D. Pignatari, H. e A. de Campos, publicado com *Noigandres* nº 4, edição dos autores, 1958.

(5) *Bottom: on Shakespeare*, impresso por The Ark Press para The Humanities Research Center, University of Texas, 2 vols., 1963. O ensaio de Louis Zukofsky, que leva esse título, está contido no primeiro volume. O segundo é, todo ele, transcrição da música de Celia Zukofsky, mulher do poeta, para o *Péricles*, de Shakespeare. Sobre esse trabalho musical, assim se exprimiu William Carlos Williams: "a música é a antítese de toda a vozearia, o recitativo, a distorção e o obscurecimento das palavras e das frases que é a ópera. A música mantém as palavras em seu âmbar, provendo para que sejam vistas". A tentativa por certo tem a ver com as preocupações da "ópera" *Villon*, de Pound ("motz e·l son", "set words to music", pôr as palavras em música). Em *Guide to Kulchur* ("Villon and Comment"), EP se refere explicitamente aos problemas de uma possível musicalização de *Péricles*.

de um originalíssimo estudo sobre Shakespeare, de extremo interesse para o leitor moderno. Crítica criativa. Erudição em tratamento absolutamente informal e antiacadêmico. Crítica ideogrâmica, segundo o método preconizado por Pound, de justaposição direta de textos e comparação. Uma "opera aperta" de crítica, "aberta como uma estrutura de cordas tensamente esticadas para que a imaginação do leitor toque sobre elas", como disse Hugh Kenner. Que lhe permite pôr em confronto, num mesmo passo, a Bomba Atômica, Wittgenstein, Confúcio e Shakespeare, por exemplo. Ou Pierce e Shakespeare. Gertrude Stein e Shakespeare. Apollinaire e Shakespeare.

O próprio Zukofsky assim define essa experiência: "Para mim BOTTOM é primeiramente um longo poema construído sobre um tema pela variedade de suas recorrências. O tema se resume simplesmente em que o texto de Shakespeare, do começo ao fim, favorece o claro olho físico em lugar do cérebro errante, e que esse tema tem implicações históricas. É, em segundo lugar, um ceticismo válido, o de que enquanto 'filosofia da história' (abrangendo as artes e as ciências) meu livro se excetua de todas as filosofias do ponto de vista de Shakespeare (de Shakespeare, como expresso acima e tal como foi escusado em meu prefácio ao livro). É, em terceiro lugar, uma continuação de minha obra sobre a prosódia em meus outros escritos. Nesse sentido a música de minha mulher poupa-me uma porção de palavras. É finalmente a autobiografia de um poeta, tal como o comprometimento de vinte anos com uma obra o apresenta, ou como no caso de Shakespeare suas palavras o mostram, são sua vida".

Objetivamente, o tema de Zukofsky se resolve na demonstração recorrente e exaustiva da preferência que tem para Shakespeare o sentido da visão, ou, para ser ainda mais preciso, na predominância da palavra *eye(s)*, ou das que pertencem a sua área semântica, nos textos shakespearianos. A partir dessa angulação que interessa sobremodo à poesia nova, por sua ênfase na problemática do visual e da concretude, vão-se somando, sem um absoluto rigor estatístico, mas com impressionante número e coerência, as pedras de toque da visão shakespeariana. Basta que se diga que o verbete *eye(s)*, no índice remissivo do volume, aparece assim redigido: *eye(s)*, passim, 9-443 — ou seja, praticamente todo o livro! Desde a frase do sonho sem fundo de Bottom (personagem do *Sonho de uma Noite de Verão*, cujo nome emblemático significa "fundo"), onde o tema explode, a partir do *olho*, numa confusão de sentidos: "The eye of man hath not heard, the ear of man hath not seen, man's hand is not able to taste, his tongue to conceive, nor his heart to report, what my dream was" (IV, i, 212-5) — frase que serve de epígrafe à "rara visão" do livro. E explica o seu título. A centenas de outras variações, reações em cadeia, do tipo de: "No tongue! all eyes! Be silent". (*A Tempestade*, IV, i, 59); "It is engend'red in the eyes," (*O Mercador de Veneza*, III, ii, 62); "Eyes without feeling, feeling without sight,/ Ears without hands or eyes, smelling sans all," (*Hamlet*, III, iv, 78-9); "but eye to eye oppos'd/ Salutes each other with each other's form;" (*Troilo e Cressida*, III, iii, 108-9). "But thou contracted to thine own bright eyes" (Soneto 1); "But from thine eyes my knowledge I derive" (Soneto 14); "And all things turns to fair that eyes can see!" (Soneto 95). E assim por diante.

Não faltam sequer os trechos em que a *temática da visão* shakespeariana se projeta numa fisiognomia tipográfica. Variações em torno da letra "O":

"The little O, the earth" (*Antônio e Cleópatra*, v, ii, 84)
"… now thou art an O without a figure" (*Rei Lear*, I, iv, 210)
"Or may we cramme/ Within this woodden O" (Folio: *A Vida de Henrique V*, Prólogo)[6]

Shakespeare se associa aqui ao Dante do "visibile parlare", lembrado por Décio Pignatari num dos primeiros manifestos da *poesia concreta*:

Parean l'occhiaie anella senza gemme;
chi nel viso degli uomini legge OMO
ben avria quivi conosciuta l'emme.

(O oco dos olhos como anel sem gema;
quem julga ler, no rosto humano, OMO,
aqui veria facilmente o eme.)

Purgatório, XXIII, 31-3

(6) Ser-me-ia lícito ajuntar mais um o a essa constelação? "O that your face were not so full of o's!" (*Trabalhos de Amor Perdidos*, v, ii, 45).

E não será difícil, através desse enfoque, vislumbrar no exemplário shakespeariano de Zukofsky soluções precursoras da *poesia concreta*. Veja-se a "fala visível" de Scarus, outro nome emblemático que exibe em si mesmo a cicatriz (*scar*) do seu homem, assim como a *poesia concreta*, "poesia-onça, que traz em sua própria pele as suas pegadas":[7]

> I had a wound here that was like a T,
> But now 'tis made an H.
>
> *Antônio e Cleópatra*, IV, vii, 8-9

A ferida em T, que se transforma em H, por acréscimo de um traço, antecipa a evolução das letras-signos, também necessariamente maiúsculas, I, L, F, E, no poema LIFE, de Décio Pignatari.

Essa re-visão de Shakespeare, por via dos olhos, propicia ainda o discernimento de uma coerente *definição do amor* e, vice-versa, *dos olhos, como função do amor*, subjacente a toda a obra shakespeariana, e que poderia ser equacionada, segundo Zukofsky, na seguinte proporção:

$$\text{amor} : \text{razão} : : \text{olhos} : \text{mente}$$

("quando a razão julga com os olhos, o amor e a mente são uma coisa só", ou ainda: "que tudo nos textos de Shakespeare é, precisamente, pensamento sobre os olhos como um axioma da clara ação do amor").

Através do *tema dos olhos* em Shakespeare reconstitui assim Zukofsky uma concepção sensível da poesia e do amor, que envolve toda uma tradição deste modo enunciada por ele: os mistérios gregos, Ovídio, fontes orientais e arábicas, extensões e intensificações provençais, filosofia europeia do século XIII, configurações de Cavalcanti, Dante e outros italianos. Concepção a que interessa,

---

(7) Décio Pignatari, "nova poesia: concreta", revista *ad* (arquitetura e decoração), nº 20, 1956, dedicado à 1ª Exposição Nacional de Arte Concreta, São Paulo.

Idem, *Situação Atual da Poesia no Brasil*, tese apresentada ao 2º Congresso de Crítica e História Literária, Assis, 1961 (*Invenção*, nº 1, 1962, e *Anais* do Congresso, editados pela Faculdade de Filosofia de Assis, 1963).

também, uma longa série de aproximações ideogrâmicas, extraídas da cultura de todos os tempos e latitudes. Como, por exemplo, para citar uma observação do próprio Zukofsky: "Em hebraico a palavra para *palavra* é também a palavra para *coisa*". Ou: "Non ante rem, nec post rem, sed in re" (Abelardo, 1079-1142). "Pensar é mais interessante que saber mas não tão interessante como olhar" (Goethe, *Máximas*). "Quando leio Shakespeare [...] eu sou um *olho* [...]" (Flaubert). A "inelutável modalidade do visível", de Joyce. "O monólogo de Stephen no *Ulisses*", afirma Zukofsky, "continua uma antologia de coisas que os versos de Shakespeare — como olhos, por assim dizer — reúnem em torno de si."

Na estrutura aberta das quatrocentas e tantas páginas do volume, que é dividido em três partes, a terceira e a mais extensa — *An Alphabet of Subjects* — é apresentada sob a forma, nada convencional em livros de crítica, de temas em ordem alfabética: *A-Bomb and H-, Birthplace, Continents, Definition, Ember Eves* etc. Associando essa experiência crítica às anteriores de prosa criativa de Zukofsky, poder-se-ia dizer que ele nos dá um novo Shakespeare, "graças ao dicionário". Trata-se às vezes de anotações rápidas, alinhamento de temas, como, em *Key*, os versos em que ocorre esta palavra. Ou de simples destaques, que se relacionam com outras partes do livro, como em *H*: "honorificabilitudinitatibus..." (*Trabalhos de Amor Perdidos*, v, i, 45). Outras vezes, como em *Definition*, o poeta expõe, num longo diálogo, suas teses sobre a definição shakespeariana do amor. Outras, ainda, oferece uma réplica criativa de sua visão à visão de Shakespeare, como é o caso de *Julia's Wild* (A Fúria de Júlia), onde Zukofsky constrói um poema permutatório em vinte linhas a partir de duas variantes do verso *Come shadow, come, and take this shadow up* (Vem sombra, vem, e consuma esta sombra), de *Os Dois Cavalheiros de Verona* (IV, iv, 199), amplificando, em muitas ressonâncias, através do jogo dialético entre a redundância semântica e a versatilidade sintática do texto — os versos têm as mesmas palavras, variando estas apenas em posição e pontuação —, o impacto daquele sentimento contraditório (amor × ciúme) que faz Júlia identificar-se com o retrato (sombra) de sua rival.

"Tenho apreciado a obra passada e presente de Louis Zukofsky", diz Herbert Read, "precisamente pela razão que ele invoca em seu comentário a respeito de BOTTOM: ON SHAKE-SPEARE — a de que, como Shakespeare, ele favorece o claro olho físico sobre o cérebro errante. Tal concreticidade, em poesia e em filosofia, é um dom muito raro, e é um prazer encontrá-lo demonstrado tão completamente nessa singular autobiografia crítica."

Descortinando o objetivismo da visão shakespeariana através do tema dos olhos, detectando "*n* variações no seu tema *Amor vê*", Zukofsky projeta a grande poesia de Shakespeare numa fascinante perspectiva de modernidade, renovando-o e renovando-se a si mesmo, na medida em que essa interpretação lhe suscita reações criativas redimensionadoras de sua própria poesia. Nesse sentido, *A Fúria de Júlia* é um produto sintomático, que o investe, de pleno, na problemática da poesia mais atual. Como também sintomático parece ser o título de seu último livro de poemas, seguramente inspirado num calembur de Shakespeare, esse genial trocadilhista (*Romeu e Julieta*, III, ii, 45-51): *I's* (*pronounced eyes*): o olho e o eu identificados.

(1964)

Louis Zukofsky (1904-1978)

JULIA'S WILD

*Come shadow, come, and take this shadow up,
Come shadow shadow, come and take this up,
 Come, shadow, come, and take this shadow up,
Come, come shadow, and take this shadow up,
Come, come and shadow, take this shadow up,
Come, up, come shadow and take this shadow,
And up, come, take shadow, come this shadow,
And up, come, come shadow, take this shadow,
And come shadow, come up, take this shadow,
Come up, come shadow this, and take shadow,
Up, shadow this, come and take shadow, come
Shadow this, take and come up shadow, come
Take and come, shadow, come up, shadow this
Up, come and take shadow, come this shadow,
Come up, take shadow, and come this shadow,
Come and take shadow, come up this shadow,
Shadow, shadow come, come and take this up,
Come, shadow, take, and come this shadow, up,
Come shadow, come, and take this shadow up,
Come, shadow, come, and take this shadow up.*

A FÚRIA DE JÚLIA

Vem sombra, vem, e consuma esta sombra,
Vem sombra sombra, vem e esta consuma,
Vem, sombra, vem, e consuma esta sombra,
Vem, vem sombra, e consuma esta sombra,
Vem, vem e sombra, consuma esta sombra,
Vem, consuma e vem, sombra esta sombra,
E vem, sombra vem, esta sombra consuma,
E vem, vem sombra, consuma esta sombra,
E vem sombra, vem, consuma esta sombra,
Vem e vem, esta sombra, consuma sombra,
Esta sombra vem e consuma sombra, vem
E sombra, vem, consuma sombra, vem esta
Sombra, consuma e vem, esta sombra, vem,
Consuma e vem, sombra, vem, esta sombra
Vem, consuma sombra e vem, esta sombra
Vem e consuma sombra, vem esta sombra,
Sombra, sombra vem, vem e esta consuma,
Vem, sombra, consuma, e vem esta sombra,
Vem sombra, vem, e consuma esta sombra,
Vem, sombra, vem, e consuma esta sombra.

1450 – 1950

BOB BROWN

BOB BROWN: POEMAS ÓTICOS

O relançamento, em 1959, pela editora norte-americana Jargon Books, do livro de poemas de Bob Brown — *1450-1950* —, publicado pela primeira vez trinta anos antes, em Paris, pela Black Sun Press de Harry e Caresse Crosby, configura mais um caso surpreendente de reabilitação literária. Nome inencontrável nas antologias ou manuais de literatura moderna, os próprios norte-americanos custaram a redescobrir a juventude clamorosa desse poeta de 74 anos, estranhamente marginalizado na própria faixa marginal de vanguarda. A iniciativa da republicação se deve ao poeta Jonathan Williams, desde 1951 editor dos Jargon Books, a serviço da vanguarda americana (até 1962, 45 lançamentos, entre os quais figuram livros de Henry Miller, Charles Olson, Louis Zukofsky, Robert Creeley, Buckminster Fuller). Williams, que publicou há pouco *LTGD*, epigramas sociais zurzindo os segregacionistas ("alabastardos") e o governador Wallace ("Lawless Wallace über Alles"), já anuncia para breve um novo livro, *Slow Owls*, poemas anagramáticos, com introdução de D. Sylvester Houedard O. S. B., um dos entusiastas da *poesia concreta* na Inglaterra.

A respeito de Brown disse o poeta-editor: "Quero ajudar a preservar a obra desse homem, pois acredito que ele foi uma das linhas de força da vanguarda americana". Bob Brown não chegou a ver o volume reeditado. Faleceu pouco antes, no mesmo ano de sua reabilitação poética, mas, segundo Jonathan Williams, "tinha uma intuição da surpresa e do prazer que esses poemas óticos estão causando a uma nova geração". Realmente, ninguém que tenha tido a possibilidade de ler e/ou ver um dos 2 mil exemplares desta nova edição (a primeira teve apenas 150) deixará de exclamar com Williams: "Let There Be Brown!". Pois o poeta tem uma contribuição sui generis, cheia de verve e humor, para a poesia de vanguarda, uma vereda própria entre os caligramas de Apollinaire e os tipogramas de cummings, com os seus manupictogramas em que escrita e ilustração se interpenetram.

De *1450-1950* diz o próprio Bob Brown: "Tento expressar-me em poemas óticos, como Apollinaire e cummings tentam, como eu tentei em *Eyes on the Half Shell* já em 1917, excitado pela primeira 'Armory Show' e pelo *Tender Buttons* de Gertrude Stein, excitado para combinar desenhos e palavras. Não acredito que as palavras por si sós valham mais coisa alguma, exceto quando manipuladas por artistas (cummings e Boyle por exemplo). Penso que Coolidge (hoje: acrescentem Eisenhower) e Will Rogers gastaram-nas a ponto de as deixarem tão sem sentido, tão apagadas e sujas como os centavos que Rockefeller e Woolworth esfregam entre si. Penso que necessitamos de palavras em movimento, para serem lidas pela máquina de ler, penso que necessitamos recapturar algo da saudável escrita hieroglífica, agora que a oratória está morta e que o que resta de poesia que ainda é lida em voz alta nos é vociferado por *eletronicsniks*".

No livro de Brown não há impressão tipográfica, salvo em duas páginas iniciais, num corpo minúsculo — um infratipo — que pede lente de aumento para ser lido; na primeira, leem-se as palavras: "1450 / BOB BROWN / 1950", em disposição espacial no centro da página; as datas são acompanhadas de um símbolo desenhado, meio-folha-meio-coração, a "mancha de mosca" do poeta; na segunda página, um texto introdutório que a insignificância dos tipos convida a não ler, mas que, não obstante, traduzo pela sua importância:

> Sem qualquer zumbido ou zunido a escrita será legível com a velocidade do dia - 1929 - não 1450; ela prosseguirá incessantemente diante do olho sem ter que ser retalhada em colunas, parágrafos, etc., sem exigir o umedecimento de um único dedo para virar uma página indócil - prosseguirá incessantemente numa-única-linha-eu-vejo-1450-invenção-tipo-móvel-Gutenberg-Wynkyn-de-Worde-Jimmy-the-Ink-caxton-embora-os-chineses-séculos-antes-imprimissem-milhares-de-livros-páginas-em-folhas-de-seda-fornecidas-por-bichos-da-seda-locais-não-há-2-folhas-coloridas-igualmente-impressão-dos-elegantes-tipos-em-por-

celana-a-mesma-matéria-que-fez-xícaras-e-sonhos — — — Shakespeare-curvando-se-num-banco-de-oficina-fazendo-minha-linguagem-laboriosamente-como-um-ferreiro-rugindo-e-produzindo-pequenos-desenhos-grutescos-na-forja-tudo-as-suas-próprias-custas-para-manter-o-seu-interesse-no-trabalho — — — Fluxo-de-vigorosos-rijos-moídos-moldes-de-palavras-movidos-por — — — Rabelais-Ben-Jonson-Dan-Defoe-Sterne-Walt-Whitman-Gert-Stein-James-Joyce — — — Os-Cavalheiros-Negros-de-Stephen-Crane-Estrondam-por-velozes-caixa-alta-e-CAIXA-BAIXA-juntos-cantando-corajosamente-pouco-me-importa-se-eu-morrer-morrer — — — Imprensa-em-ação-por-fim-o-tipo-movível-a-todo-galope — — — Carl-Sandburg-passa-relampagueando-como-um-cossaco-atrevido-sem-vírgula-escarranchado-seu-cavalo-selvagem-bronco-vocabulário-recurvando-se-para-longe-dentro-da-noite-para-colher-frases-cuidadosamente-colocadas-com-seus-dentes-cintilantes — — — — Eu-próprio-me-vejo-como-mãe-pai-de-um-novo-objetivo-para-todos-os-escritores-do-porvir-escritores-rítmicos-para-o-olho — — olho-escritores — — escrevendo-numa-linha-sem-fim-para-minha-máquina-de-ler — — — simples-máquina-elementar-com-banda-impressa-como-fita-de-máquina-de-escrever-correndo-diante-dos-olhos-dos-leitores-dando-ao-leitor-a-oportunidade-de-sua-vida-para-ver-algo-ouvir-algo-sentir-algo-uma-fornada-mental-do-escritor-diretamente-diante-dele-trazendo-os-para-mais-perto-um-do-outro-agora-que-há-mais-leitura-e-mais-escrita-mais-leitura-em-movimento-e-mais-escrita-em-movimento. — —

O livro, propriamente, é todo escrito a mão — de preferência em letra de fôrma — e desenhado pelo autor, inclusive em sua dedicatória "a todos os monges que iluminaram manuscritos — todos os primeiros artistas orientais — Omar — Gutenberg — Caxton — Jimmy the Ink — Boccaccio — Rabelais — Shakespeare — Defoe — Goya — Blake — Sterne — Whitman — Crane — Stein — Joyce — Pagliacci — e eu próprio". Nessa "mélange", de escolha às vezes personalíssima, há uma evidente predominância do visual e do humor, ingredientes de que se compõem, essencialmente, os *poemas óticos* de Brown.

"Minha mesquita", diz o frontispício manuscrito, "BEM-VINDO / por favor limpe / sua mente enlameada / antes de entrar / e deixe seus / grossos / sapatos cerebrais / lá fora." E na página seguinte: "Gosto de olhar para trás/ para os/ manuscritos iluminados de/ 1450/ e para a frente/ para os mais iluminantes/ moviescritos de/ 1950/ gosto de ver/ manchas de mosca/ nas páginas amareladas/ gosto também/ de deixar as minhas próprias sobre/ as novas páginas/ e minha mancha de mosca" (em ambas as páginas, desenhos se entremeiam no texto; o tema da segunda é o símbolo folha-coração já mencionado).

As palavras transcritas, em conjunto, servem para conceituar a poética de Brown. Revelam suas influências. Seus propósitos. E se integram elas próprias em sua poesia. É indispensável reproduzir os originais. Sem isso se torna difícil o estudo da poesia de Brown, pois verter em tipografia os seus poemas manuscritos, ainda mais sem as figuras com que se articulam é, na maior parte dos casos, desfigurar (literalmente: des-figurar) a obra e o seu significado. A transcrição de alguns, porém, feitas as devidas ressalvas, é inevitável, para ao menos dar uma ideia das estruturas semânticas com que trabalha Brown.

A poética do visual e do humor se casa a uma outra característica — a ausência de qualquer formalismo versificante: não há, simplesmente, sinal de verso, no sentido de metrificação (livre inclusive). Uma diferença em relação a muitos dos caligramas de Apollinaire, redutíveis a esquemas tradicionais. Mais um traço importante — a condensação: poemas breves, que nunca ultrapassam uma página e frequentemente se acumulam, dois ou três, numa só.

Parâmetros semelhantes definiriam a poesia pau-brasil de Oswald de Andrade. O poema-piada e o poema-instantâneo, capaz até da suprema redução de "amor/humor", poema de uma palavra só (*amor* é o título). É curioso observar que, em 1927, dois anos antes da publicação do volume de Brown, Oswald lançava o seu *Primeiro Caderno do Aluno de Poesia Oswald de Andrade*, com poemas e desenhos. É verdade que a função dos desenhos de Oswald é marcadamente ilustrativa em relação ao texto. Mas é tamanha a economia de traços, é tal a liberdade de interpretação, que Oswald chega a atingir, às vezes, a partir da ilustração (como em *amor/humor, maturidade, velhice, balada do esplanada, crônica, delírio de julho, o pirata* etc.) uma quase ideografia, que afina com a desenvolvida mais sistematicamente e com uma técnica diversa, de imbricação e interferência direta no texto, por Bob Brown. A aguda sensibilidade plástica de Oswald pôde ser percebida, ainda uma vez, na Exposição-homenagem apresentada por seu filho Rudá de Andrade, na Sociedade Amigos da Cinemateca, de 23 a 31 de outubro de

1964: entre alguns poucos mas instigantes ensaios de pintura, aquele desenho-retrato de Mário de Andrade, admirável ideograma fisiognômico em plena vertigem de 22.

O autor do manifesto da Antropofagia, datado do ano 374 da Deglutição do bispo Sardinha, por certo apreciaria este poema "antropofágico" de Bob Brown: "MISSIONÁRIOS/ Tenho pensado/ muito/ sobre missionários/ sendo fervidos em/ caldeirões negros/ por negros/ e tenho sempre/ chegado a esta conclusão/ POR QUE NÃO?". E haveria de se surpreender com outras afinidades e coincidências. O poema AUTOBIOGRAPHY: "Life's a funny place/ to be" é uma réplica sob medida da CRÔNICA, de Oswald: "Era uma vez/ o mundo". Vejamos mais uma descoberta de Brown, emergente de um exercício pictográfico em OO. "Somente coisas redondas/ dão leite/ Seios/ Cocos/ Crânios" (no original: "Only round things/ give milk/ Breasts/ Coconuts/ Human heads"). Traduzi, propositalmente, em vocabulário oswaldiano (do *Cântico dos Cânticos para Flauta e Violão*: "O poeta vestido de folhagem/ de cocos e de crânios", onde se faz a mesma aproximação de "round things"), e poderia completar o circuito de afinidades voltando a citar Brown: "With a shake &/ with a/ shiver/ I shed the leaves of/ my poet-tree". Renuncio a qualquer tentativa de tradução, diante do trocadilho "poetry/poet-tree" que veste, sem intermediários, a poesia de folhagem.

Intraduzível também é o poema THE AMERICAN EAGLE, que joga com as diversas frações de dólar (de *mill*, milésimo de dólar, a *eagle*, equivalente a dez dólares). Exemplo puro de poema-piada forjado com nada mais que uma tabela de unidades monetárias e a inesperada intervenção de "um grito":

THE AMERICAN EAGLE

10 MILLS — 1 CENT
10 CENTS — 1 DIME
10 DIMES — 1 DOLLAR
10 DOLLARS — 1 EAGLE
10 EAGLES — 1 SCREAM

Os poemas visuais, como "olhos na meia-concha" ou "proibição", o primeiro sobre o tema dos olhos, o segundo associando lágrimas e cerveja num "copo de lágrimas copiosas", dão uma ideia de uso que Brown faz do desenho-entre-palavras como instrumento de criação e de crítica. Há uma evidente despreocupação com o embelezamento das formas visuais apresentadas, que no seu traçado "naif", primitivo-infantil — da mesma forma que o *Primeiro Caderno*, de Oswald, com sua página de rosto manuscrita em letra de fôrma —, têm um sabor pré-pop, atualíssimo.

Mas Brown é capaz, também, de soluções ortodoxas e precisas, como neste brasão-anúncio de sua poesia:

BOOKS & I ARE BOUND
bound together

B
BOB
BROWN
K
S

"Mil vezes mais pertinente que o classicismo-escolasticismo de T.S. Eliot ou o que quer que possa ser chamado. Saboreei a leitura e encaro o livro seriamente", disse William Carlos Williams. E, antes, Gertrude Stein: "Diverti-me enormemente, de todas as formas, enormemente". Marcel Duchamp endossou: "And I like it immensely".

No último poema do livro, uma autocaricatura, esqueleto-espantalho, que incorpora, à altura do baixo-ventre, o poema "eyes on the half shell", afirma, convicto, o poeta: "meu esqueleto articula e gesticula/ estes poemas (pomos) crescerão de novo". Seus pés são figurados um na China e outro no Brasil. O Brasil pau-brasil de Oswald? Trinta anos depois, Oswald ressuscitado, não podemos faltar também à ressurreição de Brown. Seus poemas óticos precisam ser vistos.

(1965)

1450

DEDICATED TO
ALL MONKS WHO ILLUMINATED
MANUSCRIPTS — ALL EARLY
ORIENTAL ARTISTS — OMAR —
GUTENBERG — CAXTON — —
JIMMY-THE-INK — BOCCACCIO —
RABELAIS — SHAKESPEARE —
DEFOE — GOYA — BLAKE —
STERNE — WHITMAN — CRANE —
STEIN — JOYCE — PAGLIACCI —
AND
MYSELF
1950

COPYRIGHT 1959 BY ELEANOR BROWN
LITHO IN U.S.A.

🐾
1450

BOB BROWN

1950
🐾

Without any whirr or splutter writing will be reasonable at the speed of the day - 1969 - not 1450. ; it will run on forever before the eye without having to be chopped up into columns, para & etc. ; not risking the wetting of a single finger to turn a clumsy page - on forever - in - a - single - line - I - see - 1450 - invention - moveable - type - Gutenberg - Wynkyn - de - Worde - Jimmy - the - Ink - Caxton - though - Chinese - centuries - before - printed - thousand - page - books - on - silk - leaves - furnished - by - local - silk - worms - no - 2 - leaves - tinted - alike - printing - from - dainty - porcelain - type - same - stuff - that - makes - teacups - and - dreams — — Shakespeare - bending - over - a - work - bench - making - my - language - laboriously - like - a - bellowing - blacksmith - and - turning - out - little - grotesqueries - at - the - forge - on - his - own - to - keep - up - his - interest - in - the - job — — Stream - of - lusty - steamy - big - fisted - moulders - of - words - fit - by — — Rabelais - Ben - Jonson - Dan - Defoe - Sterne - Walt - Whitman - Gert - Stein - James - Joyce — — Stephen - Crane's - Black - Riders - Crash - by - hell - bent - for - leather - upper - case - and - LOWER - CASE - together - chanting - valorously - dont - give - a - damn - if - I - do - die - do - die — — Print - in - action - at - last - moveable - type - at - full - gallop — — Carl - Sandburg - flashes - through - like - a - dare - devil - commalass - Cossack - astride - his - mustang - bronco - vocabulary - leaning - far - out - into - the - night - to - pick - up - carefully - placed - phrases - with - his - flashing - teeth — — Myself - I - see - as - mother - father - to - a - new - scope - for - all - writers - to - come - rhythmical - writers - to - the - eye — — eye - writers — — writing - in - an - endless - line - for - my - reading - machine — — simple - foolproof - machine - with - printed - tape - like - typewriter - ribbon - running - on - before - readers - eyes - giving - reader - chance - of - his - life - to - see - something - hear - something - feel - something - get - a - mental - bellyful - of - writer - right - before - him - bringing - them - closer - together - now - that - there - is - more - reading - and - writing - going - on - more - moving - reading - and - more - moving - writing. — —

MY MOSQUE

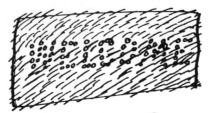

PLEASE WIPE
YOUR MUDDY MIND
BEFORE ENTERING

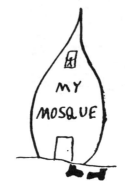

AND LEAVE YOUR
THICK
CEREBRAL SHOES
OUTSIDE

I LIKE LOOKING BACK
AT THE
ILLUMINATED MSS. OF

1450
AND FORWARD
TO THE
MORE ILLUMINATING
MOVIE SCRIPTS OF
1950

I LIKE TO SEE
FLY SPECKS
ON YELLOWED PAGES
I LIKE TOO
LEAVING MY OWN ON
NEW ONES

MY FLY SPECK

MISSIONARIES
I HAVE THOUGHT
A LOT
ABOUT MISSIONARIES

BEING BOILED IN
BLACK POTS
BY BLACK MEN
AND I HAVE ALWAYS
COME TO THIS CONCLUSION
WHY NOT?

THE AMERICAN EAGLE

10 MILLS — 1 CENT
10 CENTS — 1 DIME
10 DIMES — 1 DOLLAR
10 DOLLARS — 1 EAGLE
10 EAGLES — 1 SCREAM

THE SUM OF RELIGION

1 DEVIL
7 SINS
10 COMMANDMENTS
1 GOD
12 APOSTLES
3 WISE MEN
1 BUTTON
―――――――
35 COLLECTION

PROHIBITION

TEARS
  TEARS
AN ENCYCLOPEDIA OF TEARS
CUPS

CUPS OF COPIOUS
TEARS

BEERS
  BEERS
COPIOUS CUPS OF BEERS

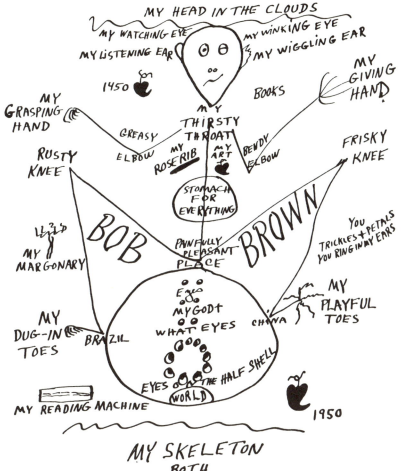

A' MARGEM DA MARGEM

BRASIL DO

O HOMEM DO POVO

direcção do homem do povo

editor: alvaro duarte
secretarios: pagú e queiróz lima

anno I — são paulo, 9 de abril de 1931 — num. 7

a cidade, o paiz, o planeta

as angustias de piratininga

Precioso e ridiculo, como literatura politica, nullo de visão social, fechado no mais estreito e péfio provincianismo, vertendo apenas o puz que brota dos dois cancros de São Paulo — a Faculdade de Direito e o café — o manifesto do Partido Democratico fixa bem para os olhos ingenuos dos que acreditam nas meias-revoluções, de que tamanho é a guela ambiciosa e hypocrita dos exploradores que depois de ter erguido palacios e fazendas, a chicote e a tronco de escravos — pretendem continuar a sugar o suôr dos que trabalham, a troco de represental-os na comedia de uma vez dos cargos publicos.

Cynicos, comediantes sem treino, pois foi da mais deslavada, da mais clara exploração feudal que até hoje viveram do alto de suas cathedras de professores, de suas bancas de jornalistas e de suas mesas de jogo — eil-os que surgem ao embate da primeira crise séria, chamando a si o encargo de ser o traço de União entre o governo e o povo!

Traço de união entre o parasita e o explorado, entre o que come e o que é comido, entre o carrasco e a victima, elles mesmo confessam que são a força lenta onde esperneia o trabalhador da cidade e dos campos, batido, humilhado, morto de miseria e de desesperança, mas que num ultimo espasmo ha de se despegar dos que o esganam, para leval-os por sua vez ao patibulo definitivo que pleiteiam e merecem.

Felizmente, a degringolada já os attingiu e as angustias de Piratininga são simplesmente feitas do odio covarde dos que sempre se viram na farra facil da Edade Media que o café produzia e a Faculdade abençoava em nome do Direito Burguez, e agora se vêem forçados a subir aos elevadores dos que imponentemente emprestam a 5 % ao mez, para implorar as reformas já obtidas nos Bancos da grande fuzarca.

Vencidos pelo phenomeno da agonia capitalista, a sua cégueira ideologica attribue intenções communistas a sinceros consolidadores da Ordem Burgueza, como francamente são o Coronel João Alberto e o General Miguel Costa, com toda a razão mais de uma vez apontados ao odio das massas exploradas pelo altifalante de Luiz Carlos Prestes.

Consolidadores fascistas, a sua bôa vontade esbarra na inconcertabilidade da maquina onde inutilmente querem andar. Que entreguem essa lata velha, esse forde furado sem radiador nem gasolina, ao ganancioso grupo de fazendeiros e professores que ambiciona os ultimos lucros do ferro miudo.

O dr. Julio Prestes gastava trezentos contos em palacio, o Coronel João Alberto gasta seiscentos, o dr. Morato gastará seiscentos.

Que o governo dos tenentes se demitta e entregue ao Partido Democratico a maquina podre do Estado Burguez que esgançou a economia paulista — para que perante as massas elucidadas, seja essa a ultima tragica experiencia de desastre, — é o que deseja e pede

o homem do povo

bagunça em familia

D. Duarte Leopoldo	88
Assis Chateaubriand	88
Conde de Lara	69
Juarez Tavora	60
Padre Valois de Castro	57
Mello Vianna	51
Oswald de Andrade	50
Coronel João Alberto	50
Raphael Correa de Oliveira	49
Sylvio de Campos	47
Antonio Carlos	45
Passaro Preto	38
Rodolpho Miranda	38

Antonio Azeredo	38
Pedro Motta Lima	32
Jayme Adour da Camara e .	30
Bicheiro Bianchi	30
Alvaro Duarte	15
Antonio Silvino	10
Albino Mendes	10
Dr. Israel Souto	10

QUAL É O MAIOR BANDIDO VIVO DO BRASIL

o 1.º concurso do homem do povo
miss butantan

S. E. o cardeal Leme, um dos mais votados

O concurso com que o Homem do Povo iniciou a sua serie de perguntas aos seus leitores, soffreu hontem uma serie virada. O illustre Dr. Francisco Morato, recebeu uum pacote de suffragios que deixou uma rabeira louca o gordo cardeal, o sinistro Bernardes e o innocente Meneghetti.

Resultado do manifesto do P. D. ? Votação cerrada do Dr. Israel Souto? Opinião popular?

Tambem o Coronel João Alberto recebeu votos e o General Miguel Costa saltou de repente para um lugar de escol. Disseram-nos pelo telephone que essas duas votações eram dirigidas pelo Dr. Carlos Moraes de Andrade.

Os fazendeiros continuam a descarregar bilis eleitoral sobre o Dr. Mario Rolim Telles que os poz a pão e a laranja. Os atheus votam animadamente nos dois patifões que a Santa Madre Egreja poz no Rio e em São Paulo para mandar arame para Roma.

Eis o resultado de hoje:

	Votos
Francisco Morato	200
Arthur Bernardes	135
D. Sebastião Leme	122
Julio Prestes	108
General Miguel Costa	102
Capitão Chevalier	99
Meneghetti	91
Lampeão	88

as nossas prisões

«Ainda hontem o homem do povo salientava, em seu principal artigo, a differença flagrante de tratamento dispensado pela policia politica burgueza ao conspirador da bôa roda" e ao homem do povo revolucionario.

Um réo illustre admirador do illustre Ruy foi detido durante algumas horas, e, por isso, quasi o mundo veio abaixo.

Os policiaes, culpados immediatos da violencia da prisão de um advogado e lente da Faculdade de Direito, foram demittidos... etc., etc.

Agora, chega-nos a noticia da prisão de diversos operarios, accusados do grande delicto de serem communistas. Um delles, ha poucos dias apenas, sahia da prisão, onde esteve detido cerca de um mez, pelo mesmo nefando crime. Agora volta novamente para as infectas masmoras do Gabinete dos Gusmões. Por quanto tempo? Por mais um, dois, tres, quantos mezes quizerem os "esquerdistas" que no momento se encontram no poder.

E os sisudos orgãos da imprensa burgueza, cuja sensibilidade liberal tanto se offendem com a prisão de democratas e perrepistas, não tomarão siquer conhecimento dessas perseguições e violencias.

E vae uma grande differença entre a "briga em bôa roda" a que "o homem do povo" se referiu hontem e a acção criminosa dos que querem despertar na consciencia do proleta-riado o espirito de classe.

Nem poderia ser de outra forma. Neste ultimo caso, o Estado burguez, por intermedio do seu orgão policial, exerce a funcção, que é a razão suprema de sua existencia, de amparar e defender os privilegios de classe dominante da burguezia.

Volta assim aos immundos porões do Gabinete o amigo do Homem do Povo que nos trouxe a reportagem aqui publicada.

Para os vossos enterros preferi a
Casa Rodovalho
a alegria dos herdeiros

VIAJAE de preferencia nos bondes da LIGHT

camarões, caraduras, estribos

—53—

NOTÍCIA IMPOPULAR DE O HOMEM DO POVO

"No fundo de cada Utopia não há somente um sonho, há também um protesto. Não é outro o sentido do grande estudo de Karl Mannheim intitulado *Ideologia e Utopia*, esse de que ao contrário da ideologia que procura manter a ordem estabelecida, toda utopia se torna subversiva, pois é o anseio de romper a ordem vigente." Assim se expressaria Oswald de Andrade em *A Marcha das Utopias*, série de artigos que escreveu para *O Estado de S. Paulo* em 1953.

Desde 1945, Oswald se distanciara do marxismo, retomando e aprofundando os temas da Antropofagia, a "filosofia do primitivo tecnizado" que ele prenunciara em 1928 com o Manifesto Antropófago. Em sua tese para concurso da cadeira de Filosofia na USP (1950) — *A Crise da Filosofia Messiânica* — não tem dúvida em afirmar: "As premissas de Marx vieram produzir a atualidade da URSS. É que o estado de Negatividade, o segundo termo de Kojeve, que devia ser superado, consolidou-se no sectarismo obreiro". E logo adiante: "Mas o mundo mudou. O que era Messianismo, fenômeno de caos na sucessão de crises de conjuntura que deu afinal a crise de estrutura do regime burguês, tornou-se sacerdócio empedernido e dogma imutável na URSS. Houve uma grosseira escamoteação do problema. Evoluída a classe trabalhadora, perdidos os seus contornos, a ditadura de classe se substituiu pela ditadura de partido. O fenômeno que deu o fascismo instalou-se no coração revolucionário da URSS e produziu o colapso de sua alta mensagem". A certa altura de sua crítica ao comunismo, assevera, cáustico: "Quem poderia prever, quem ousaria sonhar que o Messianismo em que se bipartiu a religião de Cristo (Reforma e Contrarreforma) iria medrar no terreno sáfaro das reivindicações materialistas do marxismo? [...] Pelas condições históricas do progresso técnico o trabalhador deixou de ser o pilar das teses românticas de Marx. Mas a autocrítica desapareceu. Toda a crítica naufraga no sectarismo. O perfeito militante é o mesmo boneco farisaico do puritanismo — socrático ou americano — que se apresentou ao mundo para edificá-lo, pedante, cretino, faccioso. E não seria mais estranho ouvirmos uma noite, pela boca universal da Rádio Moscou, que foi proclamado o Dogma da Imaculada Revolução".

Ao eclodir a crise econômica dos anos 30, vemos, no entanto, o criador da anárquica e inventiva utopia antropófaga — colhida num "melting pot" de Marx, Freud, Keyserling e Modernismo na caldeirada mitoantropológica do Matriarcado (Bachofen via Engels e Nietzsche) — renegar o "sarampão antropofágico" e optar pelo alistamento partidário, disposto a transformar-se em humilde "casaca de ferro na Revolução Proletária", como está no prefácio de *Serafim Ponte Grande*.

Em 1931, ele e Patrícia Galvão (Pagu), então casados, alistam-se no Partido Comunista. A história desse momento ideológico na vida de ambos ainda está por ser amiudada. Mas nem um nem outro parecem ter sido levados muito a sério pelos políticos ortodoxos. O militante Leôncio Basbaum, em suas memórias (*Uma Vida em Seis Tempos*, 1976), recordando o ano de 1932, assinala, preconceituosamente, "a infiltração de intelectuais e membros das classes médias" no Partido (era a época da "proletarização" do PC, em que os intelectuais eram vistos com suspeita): "Um desses elementos", relembra Basbaum, "podemos dizer perniciosos, era uma moça (poetisa) chamada Pagu, que vivia, às vezes, com Oswald de Andrade. Ambos haviam ingressado no Partido, mas para eles, principalmente para Oswald, tudo aquilo lhes parecia muito divertido. Ser membro do PC, militar ao lado de operários 'autênticos' (tipo Miguel), tramar a derrubada da burguesia e a instauração de uma 'ditadura do proletariado', era sumamente divertido e emocionante".

Insipiente como é, o depoimento se tinge de mesquinhez e de irrisão quando se sabe que as atividades partidárias de Patrícia lhe valeram anos de prisão, marcados pela doença e pelo sofrimento ("dez anos que abalaram meus nervos e minhas inquieta-

o retiro sexual

Evohé! Já tá na hora. O pessoal já está promptinho da silva.

O enxoval do dia e da noite já está arrumadinho nas malas. O retiro abre os braços por que é semana santa, a semana da farra.

"Donec mihi satisfaciam".

O padre Bremmond diz que os retirantes podem ficar em qualquer posição, comtanto que venham "les consolations les larmes et le reste"...

E em qualquer posição ficam elles implorando "uma faisca de tua doçura e uma torrente de tuas voluptuosidades"...

Parece Freud mas não é.

E' um trechinho do velho livro mystico: "O espelho da alma" citado pelo acima citado padre Bremmond, grande esteio da Academia Franceza.

E no seu livro sobre a "conquista mistica" continúa ensinando pra gente uma porção de coisas que a gente não sabe.

E' muito engraçada a historia da consolação sensivel e dos "contentos" da hespanhóla dona Thereza de Jesús, que chega a sentir a presença foica de Deus.

Eis aqui o que escreve a este respeito um dos grandes misticos do seculo XIX:

"Deus toma a alma segundo a fraqueza de sua natureza. Ella se espalha nos sentidos e habituada a receber suas impressões pelos sentidos só vive pelos sentidos.

Isto tudo está na "Conquista Mystica" do academico francez. (Volume 4.o do livro "Le sentiment religieux en France").

O misticismo está desmoronando evidentemente com a decadencia das moraes de controle e a Santa Thereza de antes tinha muito mais importancia sexual do que a Therezinha de agora que não passa de uma pequena datilographa que faz as suas farras de domingo, portanto sem misticismo exagerado.

Entretanto o fenomeno de sublimação embora em muito menor escala appareçe ainda hoje nos retiros onanistas de semana santa e carnaval.

Os sublimados explosivos ao primeiro contacto, se reunem para o goso permittido e ajudado pelo padre.

O jejum mazoquista auxilia o prazer fisico e transporta para uma loucura desenfreada os histericos dos dois sexos.

Antes, a historia do Ovallinho que é melhor porque este ao menos mandou o retiro ás favas e traiu os santos com uma mulata chamada Berta Lux.

Os fenomenos que elucidam os delirios histericos dos santos e freiras foram bem verificados por Freud nas experiencias de hipnose com que elle começou os seus estudos...

Constata-se cada vez mais que o misticismo só apparece nas civilisações recalcadas e doentias.

Agora, que nós caminhamos embora muito de vagar para uma época sem recalque e de moral biologica racionalizada, onde não existirão nem desvios sexuaes nem retiros fisicos, Freud e o Padre Manfredo podem pedir demissão.

ções, transformando-me nesta rocha vincada de golpes e de amarguras, destroçada e machucada, mas irredutível", diria ela numa crônica de 14/10/52, em *Fanfulla*). Mas é talvez sintomático do desencontro que se verificaria fatalmente entre as personalidades originais e criativas de Oswald e Pagu e as mentalidades mais subservientes que subversivas dos adeptos por assim dizer religiosos dos credos políticos e suas palavras de ordem.

Das últimas prisões, que a segregariam por quatro anos e meio, a partir de 1935, Pagu só voltaria à liberdade em 1940, já desvinculada do PC. O desencanto com os comunistas a levaria a tornar-se uma aguerrida crítica de sua doutrina e de sua política cultural. "Saio de um túnel", diz ela no prefácio do panfleto *Verdade e Liberdade* (1950), em que expressa drasticamente o seu repúdio ao comunismo, candidatando-se pelo Partido Socialista Brasileiro à Assembleia Legislativa do Estado, "tenho várias cicatrizes mas ESTOU VIVA."

Mesmo no período inflamado dos anos 30, o alistamento de Oswald não se faz sem contradições e rebeldias. Dessa época é a publicação de *Serafim Ponte Grande* (1933), que ele terminara de redigir em 1928, e bastaria a menção a esse livro incatalogável para situar o "engagement" oswaldiano mais sob a ótica da anarquia do que de uma disciplinada religião de Estado. Mais ortodoxa é, a princípio, a posição de Patrícia — como se vê do seu "romance proletário", *Parque Industrial*, publicado no mesmo ano do *Serafim* e influenciado por sua linguagem telegráfica, mas limitado por uma visão simplista dos conflitos sociais —, embora, dentro de pouco tempo ela já se alinhe na dissidência trotskista, que cindiria o Partido.

O HOMEM DO POVO, lançado em 1931, é um registro da fase mais sectária e "enragée" da atuação política de Oswald e Pagu, numa primeira postura de adesão quase que incondicional às "verdades" partidárias e ao proselitismo do PC.

Trata-se de um jornal panfletário, de um assumido pasquim político, que teve curtíssima duração — apenas oito números. Em formato tabloide, 48 por 34 cm, com seis páginas e títulos desenhados em letras "art déco", a publicação apresentava como editor Álvaro Duarte e como secretários Pagu e Queiroz Lima, sob a "direção do homem do povo". Oswald assinava os edito-

riais, que também apareciam com a rubrica de "O Homem do Povo", A sede da redação ficava no Palacete Rolim, na praça da Sé, nº 9-E.

Programado para circular às terças, quintas e sábados, conforme se lê no anúncio da última página do número 2, o jornal teve as seguintes publicações: nº 1 (sexta-feira, 27 de março); nº 2 (sábado, 28 de março); nº 3 (terça-feira, 31 de março); nº 4 (quinta-feira, 2 de abril); nº 5 (sábado, 4 de abril); nº 6 (terça-feira, 7 de abril); nº 7 (quinta-feira, 9 de abril); e nº 8 (segunda-feira, 13 de abril). Paradoxalmente, o povo não leu O HOMEM DO POVO. Leram-no alguns intelectuais, os estudantes de Direito... e a polícia, que acabaria proibindo a sua circulação após a ocorrência, nos dias 9 e 13 de abril, de graves incidentes com os estudantes, que tentaram por duas vezes empastelar o jornal por causa de dois editoriais considerados ofensivos à tradicional Faculdade do Largo de São Francisco.

No livro *Pagu: Vida-Obra* (Brasiliense, 1982) transcrevi o pitoresco noticiário da imprensa sobre os acontecimentos que levaram ao fechamento de O HOMEM DO POVO.[1] As manchetes e legendas de fotos das reportagens da época formam um expressivo ideograma dos acontecimentos: UM JUSTO REVIDE DOS ESTUDANTES DE DIREITO AOS INSULTOS DE UM ANTROPOPHAGO *Oswald de Andrade, que classificou a Faculdade de Direito como sendo um "cancro" que mina o nosso Estado, foi agredido e quase lynchado em plena Praça da Sé / Foi preciso que os soldados de promptidão na Central se movimentassem para impedir o lynchamento / Os estudantes que se dispuzeram a applicar o correctivo no escriptor Oswaldo de Andrade* (Folha da Noite, 9 de abril de 1931). NA PRAÇA DA SÉ *o director e a secretaria do "Homem do Povo" foram aggredidos* (A Gazeta, 9 de abril de 1931). OFFENDIDOS PELAS COLUMNAS DO "O HOMEM DO POVO" OS ESTUDANTES DE DIREITO AGGREDIRAM O DIRECTOR DO JORNAL *Foi também victima de aggressão a esposa daquelle jornalista — Depredações nos escriptorios da redacção* (Diário

---

(1) Essa mesma documentação, resultado de pesquisas que fiz com Lygia de Azeredo Campos no Arquivo do Estado, acompanhou também a edição fac-similar de *O Homem do Povo* publicada pelo Arquivo e pela Imprensa Oficial do Estado em 1984 e da qual o presente estudo constitui a introdução.

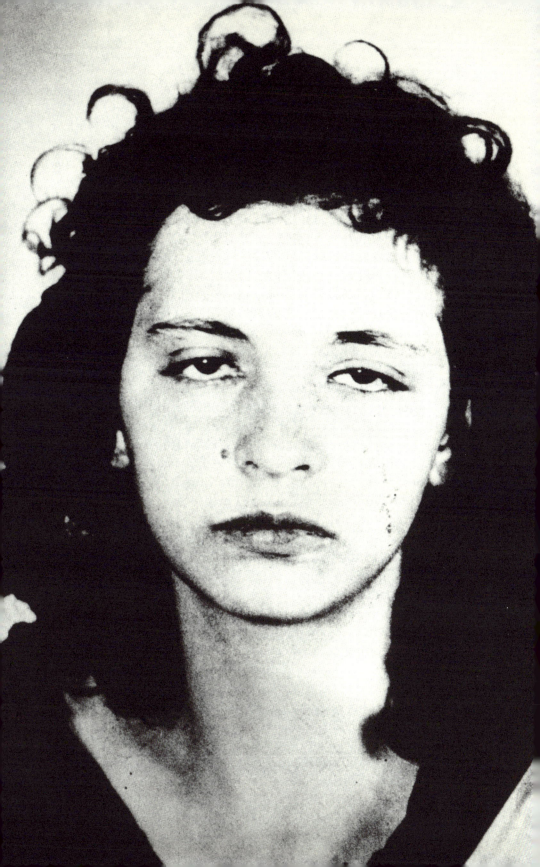

de São Paulo, 10 de abril de 1931). A POLICIA MANDOU GARANTIR A REDACÇÃO DO "HOMEM DO POVO" (*A Gazeta*, 13 de abril de 1931). RECRUDESCE O CONFLICTO ENTRE OS ESTUDANTES E O DIRECTOR DO "O HOMEM DO POVO" *Por ordem do Delegado Geral da Capital, o jornal foi suspenso e seus directores processados / Os acadêmicos em frente á Central de Policia* (*Folha da Noite*, 13 de abril de 1931). NOVAS MANIFESTAÇÕES DOS ESTUDANTES DE DIREITO CONTRA O JORNAL "O HOMEM DO POVO" *A policia instaurou inquérito a respeito* (*Diário de São Paulo*, 14 de abril de 1931). TENTATIVA DE EMPASTELAMENTO DO "HOMEM DO POVO" (*Folha da Manhã*, 14 de abril de 1931). UM PASQUIM VAIADO PELOS ESTUDANTES *Oswald de Andrade e sua companheira deram motivo a um novo conflicto* PEDINDO GARANTIAS / DOIS TIROS / A PRISÃO DOS DOIS PROVOCADORES / DUAS VICTIMAS DE PAGU / ESTÁ SUSPENSO O PASQUIM (*Folha da Noite*, 13 de abril de 1931).

"Creio que faremos o jornal em breve. Mas está tudo demorado." Estas linhas, extraídas de uma carta de 12/12/1930 de Oswald a Pagu (então em Buenos Aires, para um recital de poesia), mostram que O HOMEM DO POVO já estava nas cogitações de ambos desde essa época. O último número da *Revista de Antropofagia* (segunda dentição) saíra em 1º/8/1929 no *Diário de São Paulo*, que, por sinal, fechara suas portas à página antropofágica devido aos protestos dos leitores do jornal, indignados com as irreverências de Oswald e seu grupo. A nova experiência — apesar de distante, ideologicamente, da anterior — não deixa de ter certas afinidades com ela.

Como no caso da página do *Diário* — um contrajornal revolucionário introjetado num jornal conservador — predomina aqui a pseudonímia. Salvo os artigos assinados por Oswald e Pagu e por alguns outros nomes conhecidos que raramente aparecem — Flávio de Carvalho (no nº 3), Geraldo Ferraz (no nº 5), Galeão Coutinho (no nº 7) e Brasil Gerson (nos nºs 7 e 8) — o que emerge das colunas incendiárias de O HOMEM DO POVO é toda uma galeria gaiata de colaboradores anônimos, a maioria dos quais possivelmente forjados pelo próprio Oswald: ÁLCOOL MOTOR (que ataca o sr. Plínio Saldoce no nº 4),

ANJO, ANONIMUS, AURELINO CORVO, CAPITÃO RODOLFO VALOIS, CARCAMANO, CORIFEU, ESTALINHO, GÁS ASFIXIANTE, JOÃO BAGUNÇA, LIMA TRILHOS, PIRAMIDON, PLEBEU, REPORTER Z, SOMBRA, SPARTACUS, VISCONDE DE XIRIRICA, ZUMBI. Ao lado dos apelidos engraçados que compõem esse afinado coro de descontentes, há alguns nomes que aparecem com mais constância e que podem ser verdadeiros: HÉLIO NEGRO, RAUL MAIA. A Patrícia Galvão se podem atribuir os pseudônimos BREQUINHA, COBRA, G. LÉA, IRMÃ PAULA, K. B. LUDA e talvez aquela MME. CHIQUINHA DELL'OSO (responsável pela seção de corte e costura, "A Tesoura Popular", que comparece no nº 2, depois de anunciada com destaque no nº 1).[2] A própria direção do pasquim se anonimiza sob a rubrica do "homem do povo". No nº 3, uma nota afirma: "Que diretor? Há tantos também. O 'O Homem do Povo' é dirigido pelo homem do povo". Depois de figurar nos quatro primeiros editoriais (*Ordem e Progresso, Ovo de Marx, Os Músicos do Titanic, A Ordem da Ferradura*), o nome de Oswald fora substituído pelo do "O Homem do Povo"; mas após o conflito motivado pela provocação de *As Angústias de Piratininga*, no nº 7, Oswald reassume a paternidade dos artigos de fundo e assina *Isto Aqui é Coimbra?*, respondendo aos estudantes no último número.

A despeito das evidentes imposturas, o jornal se organizava por seções. Na primeira página, sob o título geral de A CIDADE, O PAÍS, O PLANETA, saem os editoriais e outros artigos. Pagu redige, na página 2, a seção A MULHER DO POVO. A página 3, encimada pelos dizeres PANFLETO E DOUTRINA, com vários colaboradores, dos quais o mais assíduo é Raul Maia, tem sempre um BARÔMETRO ECONÔMICO. Na página 4 aparece a seção de variedades — PALCO, TELA E PICADEIRO —, tendo como "diretor de cena" PIOLIM, com reportagens assinadas, em geral, pelos pseudônimos femininos; embaixo, ESPORTES NO

---

[2] Chiquinha dell'Oso era, efetivamente, diretora de uma Academia de Corte e Costura "muito conhecida em São Paulo" e "pretexto para brincadeiras", segundo o atesta a pesquisadora Vera Chalmers em nota a uma crônica de Oswald ("Álvaro Moreyra e outras questões que não são de todos", 24/3/27) transcrita em *Telefonema*, vol. x das *Obras Completas* de Oswald de Andrade (Rio de Janeiro, Civilização Brasileira, 1974, p. 39).

MUNDO E NA PONTE GRANDE, dirigida por "O Anjo", "valoroso esportman, campeão de terra, mar e rios também, uma das maiores glorias do esporte estrangeiro e indígena", tendo anexa a "seção das Salgações", orientada pelo Visconde de Xiririca, "notável homem de letras (não de câmbio), autor de diversos trabalhos literários e inventos científicos, largamente conhecidos em todo o universo, sobressaindo entre os seus últimos inventos o aparelho de medir a distância que um gato bem furioso pode cuspir". Na página 5, intitulada SUMÁRIO DO MUNDO, o noticiário internacional, que tem como redator Aurelino Corvo. Na 6, ONTEM, HOJE, AMANHÃ, notícias e artigos variados. As duas últimas páginas dão ainda lugar para o "folhetim do homem do povo", *No País da Gente Nua*, presente em quase todas as edições e assinado no nº 3, e só neste, por P. L. Royer, descrevendo a visita a uma colônia de nudistas na Alemanha.

Ecos da Antropofagia ressoam no primeiro editorial de Oswald (*Ordem e Progresso*): "Queremos a revolução nacional como etapa da harmonia planetária que nos promete a era da máquina. [...] Queremos a revolução técnica e, portanto, a eficiência americana". E sobram as saborosas tiradas oswaldianas: "Dum país que possui a maior reserva de ferro e o mais alto potencial hidráulico, fizeram um país de sobremesa. Café, açúcar, fumo, bananas. Que nos sobrem ao menos as bananas! [...] Sendo assim, o ouro entra pelo café e sai pelo escapamento dos automóveis". Mais explicitamente tributário do idioleto antropofágico é o artigo *A Carniça Está Gostosa*, assinado por Aurelino *Corvo*, ao dar a orientação do noticiário internacional, no nº 1: "O homem do povo, que trabalha, que sai cedo de casa para a fábrica, a oficina, o escritório, o armazém, só dispõe para tanto dos poucos minutos da viagem de bonde, e o que lhe importa são as notícias rápidas, concisas, concretas. É o que este novo jornal, que além de novo é pequeno e não pretende chegar a venerando, vai fazer, nesta página, sumariando em quatro linhas os acontecimentos mundiais da véspera". Aurelino Corvo promete, em suma, "o suco dos telegramas", em sintaxe modernista ("O mundo em convulsão. Combustão. Vulcão. Revolução.") e em semântica antropofágica ("Notícias que estimulam o apetite de estômagos sólidos e saudáveis. Para dentes de homens do povo. Carniça gostosa.").

Além de responder pela seção A MULHER DO POVO, na qual criticava, de um ponto de vista marxista, em linguagem desabrida, as "feministas de elite" e as classes dominantes nos artigos *Maltus Além, A Baixa da Alta, O Retiro Sexual, A Garupa do Príncipe, Liga de Trompas Católicas, Saibam ser Maricons, Guris Patri-Opas, Normalinhas*, Pagu assinava a "Correspondência", onde polemizava com leitoras (supostas ou verdadeiras), conforme a convocação-provocação do n° 4: "Às leitoras. Recebemos colaboração de qualquer pessoa mesmo de ideologia diferente. Estabelecemos polêmica no próprio jornal. Qué apanhá pula aqui. Correspondência para Pagu". Ademais, era a autora das ilustrações, charges, vinhetas, títulos e legendas, como o atesta a comparação com os desenhos do *Álbum de Pagu*, da *Revista de Antropofagia* e de outras fontes da época. Dos desenhos publicados em O HOMEM DO POVO apenas alguns eram assinados sob o pseudônimo "Peste". Ela criou, também, uma história em quadrinhos, que aparece em todos os números — *Malakabeça, Fanika e Kabeluda* —, com três personagens, um casal e uma sobrinha revolucionária. O cartunista não era identificado; no n° 6 surge, porém, no canto direito do último quadrinho, o característico "P." de Patrícia, Pagu e Peste, confirmando a autoria.

O clima do jornal é de ostensiva provocação. Ataques aos imperialistas, louvores à União Soviética, insultos às autoridades, violento anticlericalismo... Intermináveis gozações com o príncipe de Gales, então em visita ao nosso país, chargeado e caricaturado desde o primeiro número (*S. A. Manifesta-se Favorável ao Afunding do Brasil*). Nessa mesma edição lança-se o 1° Concurso do "Homem do Povo" — *Qual é o Maior Bandido Vivo do Brasil?* —, que começa a ser apurado a partir do quarto número, incluindo, entre os mais votados, políticos, industriais, eclesiásticos, e até o secretário da Segurança Pública, ao lado de Lampião e Meneghetti e do próprio Oswald e gente da sua roda como Jayme Adour da Câmara. Com tantas irreverências, não é de admirar que O HOMEM DO POVO chegasse ao oitavo número? Só a sua pequena circulação pode explicar que tenha passado incólume pelos curtos dezoito dias de sua existência...

Como se sustentava o jornal? Provavelmente Oswald o financiava. Alguns anúncios surgem repetidamente — Antártica,

A Brasserie Paulista, Café Paraventi. Mas serão para valer?[3] Dentre eles, há os que parecem totalmente estranhos ao contexto do jornal, como aquele que dá o telefone "das perfumarias mais finas e dos melhores charutos Havana", ou aquele outro que alardeia "os melhores figurinos na AGÊNCIA SCAFFUTO". Outros são claras contrafações, com propósito de humor ou de crítica, como o caso da Light ("VIAJAI de preferência nos bondes da LIGHT"). "Mande nos dizer qual é a outra companhia de bondes onde a gente pode viajar em São Paulo. Não entendem que estamos atacando os monopólios seu besta!" — esbraveja Pagu no nº 7, defendendo-se de alguma reclamação na seção "Correspondência". No mesmo número, o anúncio aparece um tanto modificado ("VIAJAI de preferência nos bondes da LIGHT / camarões, caraduras, estribos") ao lado deste outro, sardônico: "Para os vossos enterros preferí a Casa Rodovalho / a alegria dos herdeiros". No nº 8, acompanhado de outro sobre os trens da São Paulo Railway, passa a ser encimado pelo título OS MONOPÓLIOS.

Mesmo sem se concordar com a radicalidade e o sectarismo das diatribes de O HOMEM DO POVO, é possível lê-lo com interesse e curiosidade. Não só pelo fato de estar ligado a personalidades tão fascinantes como Oswald e Pagu, partindo-se do pressuposto de que, quando um autor é interessante, tudo o que se relaciona com ele — até as obras menores — se torna interessante, por constituir subsídio para a compreensão de outros aspectos de maior relevância para a sua caracterização.

Sem dúvida, aqui não se encontrarão as grandes páginas de invenção estilística de *João Miramar* e *Serafim Ponte Grande*. A *Revista de Antropofagia* é mais rica em ideias e em criatividade, e os estereótipos da catequese política estão hoje mais desgastados do que antes. Mas, no desleixo das suas linhas apressadas, no seu amadorismo algo provinciano, na sua ingenuidade quixotesca, O HOMEM DO POVO traz, ao lado da marca feroz e veraz da

(3) Segundo Fernando Morais, "o excêntrico milionário Celestino Paraventi", simpatizante do comunismo, contribuía para o Partido e frequentemente ajudava a financiar publicações comunistas com anúncios de sua indústria de torrefação de café. Assim, ao menos o anúncio do Café Paraventi em *O Homem do Povo* era, de fato, para valer (v. *Olga*, São Paulo, Alfa--Ômega, 1985, p. 63).

utopia, o rastro literário da modernidade e da paródia que dele fazem como que um prolongamento da "segunda dentição antropofágica". Este pasquim proletário não deixa de ser — como eu já afirmei em *Pagu: Vida-Obra* — um descendente engajado da *Revista de Antropofagia*. Estilhaços do riso oswaldiano espoucam por esses textos irados, fazendo com que eles desbordem da razão política, datada e perecível, para se incorporarem ao plano menos transitório das criações intelectuais. "Do meu fundamental anarquismo jorrava sempre uma fonte sadia, o sarcasmo", disse Oswald no prefácio ao *Serafim*. Por isso, esse HOMEM DO POVO, que o povo não leu, pode ser lido agora, e não apenas como documento de uma época, suas lutas e suas contradições. Podemos rir com ele. E até perdoar facilmente os seus desmandos e excessos verbais. Vão por conta da impaciência, da impotência e do desespero dos que tentam pensar com generosidade nos desfavorecidos sociais, num mundo onde ainda prevalece a *manunkind*, de que fala o poeta norte-americano e. e. cummings — a "humanimaldade" —, um mundo onde até hoje, depois de meio século, exauridas as utopias, a justiça e a fraternidade estão longe de ser alcançadas.

(1983)

RESISTE, RO

Quando conheci Ronaldo, em 1952, ele era um garoto de quinze anos, irmão da minha namorada e depois mulher, companheira, Lygia. Um rebelde garoto do Rio, que fugia do colégio e de casa. Não tinha passado nem presente literário. A literatura lhe vinha das irmãs intelectuais, Lygia e Ecila. *Noigandres*, recém-formado, já estava em revista nas mãos delas, e antes, nossos primeiros livros. Instigado por elas, movido por sua inata rebeldia, Ronaldo começou a produzir uma prosa bruta, uma safra estranha meio arrancada das entranhas, cheia de erros e de urros, que me impressionou. Era a época em que nós outros principiávamos a tramar uma revolução. Com a cega animação da juventude, acreditávamos que a *poesia concreta* ia salvar o mundo. E conspirávamos, catacúmbicos, contra o lirismo nacional, o verso e a sintaxe, aos quais Ronaldo não dava a mínima.

A senha e o signo foram passados para o "enfant terrible", iletrado e boêmio, que, como eu, gostava de Noel Rosa e Jorge Veiga. De repente ele começou a ficar ainda mais esperto e a chegar mais perto. E deu uma resposta que ninguém dera até então. Em dezembro de 54 eu enviei ao Décio, então em Paris, o primeiro esboço de um espantoso poema que, depois de uma poundiana "caesarean operation", passou a ser o prenúncio do Ronaldo poeta, chegando a figurar na Exposição Nacional de Arte Concreta de 56, num cartaz feito pelo Fiaminghi. PREFIXO. PREFÁCIO. PRELÚDIO. PRENÚNCIO. POEMA. "Este será o meu legítimo epitáfio", me escrevera Ronaldo. E Décio, replicando à minha carta, saudou a minha descoberta desse "Ro do haras Azeredo, outsider do Grande Prêmio Arthur Rimbaud" e "possível comensal da mesa noigandres". Numa de suas prosas bárbaras da época (OBSERVAÇÕES SOBRE A FAMÍLIA) escrevera Ronaldo, profético: "Chegaram os navios cheios de novos, para viver, amar e dizer algo neste mundo".

Aos dezenove anos, o rapaz experimentava tudo. Tomando conhecimento de alguns trechos que eu traduzira do *Finnegans Wake*, respondeu com o MONSTRO MOONZEBUR e O DRIZ DA FEIA, pequenas fábulas joycecarrollianas.

MOONZEBUR começava assim:

é lindo.
e ao luar voa movido pela su ave resplanação — em suspiros line ares.

O DRIZ DA FEIA:

e em seus cabeles, não ainda ali, mas mais fundo, bem na formação dos capimlares, na oca forrorosa habita a feia e seu driz.

Mas Ronaldo, em breve, abandonaria as experiências com a prosa, que no futuro só retomaria em investidas ocasionais, embora às vezes marcantes, como os fragmentos de A GRANDE CIDADE (*Invenção* nº 3, junho de 1963) — a cidade de "nuvens vermelhas", onde "um capitalista morre de infurto"; ou o inédito O SONHO E O ESCRAVO (versão em prosa, 1962) de onde extraio estes flashes:

o sonho:
sol   ar   luz   mar   verão
no triângulo do maiô do seu corpo o triângulo

o escravo:
frio   fumaça   pedra   trabalho
nos círculos da noite o círculo

O poeta, que hoje declara abolir a palavra por não acreditar nela, foi abandonando a prosa, talvez por desconfiar ainda mais dela, em prol da concentração vocabular da poesia. Um radicalismo que o levaria, logo mais, em 1958, a três outros marcos: RUASOL, LESTEOESTE e VELOCIDADE — este, um "hit" internacional, incluído em muitas antologias, como *The Best of Modern Poetry* (Pocket Books, 1973), organizada por Milton Klonsky, que registra: "He came to Concrete Poetry directly, without ever having written traditional poetry".

```
V V V V V V V V V V
V V V V V V V V V E
V V V V V V V V E L
V V V V V V V E L O
V V V V V V E L O C
V V V V V E L O C I
V V V V E L O C I D
V V V E L O C I D A
V V E L O C I D A D
V E L O C I D A D E
```

(1958)

chave léxica

(1964)

Nesse iliteratismo de Ronaldo talvez resida o segredo de sua rápida assimilação da linguagem assintática ou parassintática da *poesia concreta* e da sua familiaridade com as linguagens não verbais. Algo em comum com o caso de Wlademir Dias Pino, com quem, aliás, veio a fazer boa amizade enquanto morou no Rio. A diferenciá-los, além da idade (Ronaldo nasceu em 1937, Wlademir em 1928), a "expertise" gráfica e tipográfica deste último. De algum modo, porém, os seus caminhos foram paralelos.

O passo a seguir, para ambos, foi a gradativa supressão da palavra. Ronaldo se engajaria na experiência da *poesia semiótica* de Décio Pignatari e Luiz Ângelo Pinto (1964), contribuindo com um poema modelar: LABOR TORPOR. Wlademir inspiraria o *poema processo*, que acabaria convertido pelo sectarismo discipular em "doença infantil do Concretismo". Mais generosa e coerente, a inquietação artística de Ronaldo jamais o levou a falações, parlapatices e teorreias, ou a aspirações de poder e de liderança. Limitou-se a intervir, como Duchamp, que ele mais tarde aprenderia também a amar. A diversificação de suas experiências, sempre imprevisíveis, e a raridade de suas intervenções são testemunho do seu radicalismo. Mas um radicalismo puro, natural, não autoritário.

Entre o concreto ortodoxo e a poesia semiótica, Ronaldo não deixou de dar a sua contribuição ao "salto participante". Em 1962, na revista *Invenção* nº 2, portões abrem, patrões vetam, portões fecham, patrões abrem.

Do poema-código, quase didático, a exemplificar a tipologia do manifesto de Pignatari e Luiz Ângelo, o poeta transitaria para interferências mais individualizadas, no território cinzento entre as artes visuais e a poesia. Ainda da fase participante vem O SONHO E O ESCRAVO (1966), cine-poema quadrinizado, no qual as cores-código (vermelho = escravo, azul = sonho) injetam significados subliminares. Logo virão outras surpresas. O poema-cartum da mulher ambígua, cujas pérolas se degradam em catapora (1971). A célula-pedra-poesia, cujo desenvolvimento será sempre anormal (1972). O poema ecológico de 1973, onde as imagens reticulares em preto e branco, que sugerem a automação, se chocam dramaticamente com a paisagem de postal colorido. Algumas dessas criações perdem bastante quando transcritas para o código convencional do livro. Fazem falta as folhas transparentes que introduzem superposições e ambivalências no poema ecológico e no PENSAMENTO IMPRESSO (1974); as peças do quebra-cabeças ARMAR (1977), um ludopoema que incita o leitor à participação; os tecidos originais das *paragens* do poema que arfa entre a borboleta e o pulmão, da raríssima edição de 1975. Trata-se, na verdade, de poemas-livros ou poemas-objetos que requerem "display" próprio e especial.

Todas essas incursões, por vezes cifradas e enigmáticas, se revelam, em última análise, biopoemas, mapeamentos da vida, quase sinais, que recusam a palavra mas não chegam à pintura. Serão "ideias-evento", para usar a expressão do criador da fábula-científica italiana, Giuseppe Bonaviri, um autor ainda desconhecido no Brasil. Talvez o mais comunicativo dentre esses "poemas" seja o *labirintexto* de 1976, uma "geografia sentimental", como notou Antonio Risério. Dedicado pelo poeta ao seu "grandioso matriarcado" (mãe, irmãs, mulher e filha), esse biomapa embaralha as ruas vivenciais do carioca-paulista, partindo da vilaisabelina Teodoro da Silva para, por vários descaminhos entre as Perdizes e o Cambuci, vir aportar na rua Homem de Melo, que a cartografia afetiva de Ronaldo retrojeta no copacabânico oceano Atlântico.

Lidando numa zona fronteiriça da pintura era natural que Ronaldo necessitasse do "know-how" de outros artistas, que acabariam condividindo com ele a criação de alguns trabalhos. Ele é, essencialmente, um poeta de "roughs", de pensamento bruto. E se Valéry pedia um alemão para completar suas ideias, Ronaldo pede, frequentemente, um artista para finalizar suas "artes". Profissionais ou amadores, cujos nomes merecem ser destacados, como Franklin Horylka, Amedea, Fiaminghi, Gilberto Mendes, Mentore.

Por último, ele descobriu Duchamp, a quem homenageia na sua casa de bonecas (1984), que mistura a Alice, de Carroll, com *Apolinère Enameled* e *Étant Donnés*, noivas desnudadas pelo olho-voyeur da vida, num metatrocadilho tridimensional. Seu mais novo poema, ENQUANTO DUROU, também de 1984, é mais um biopoema que relega ao título a poesia inconfiável das palavras, deixando a vida à vida e a rosa à rosa.

Num belo artigo que publicou na revista *GAM* nº 36, de fevereiro de 77 ("Ronaldo Azeredo: Poesia Visual"), Antonio Risério escreveu: "Se nunca redigiu versos, Ronaldo também jamais se manteve confinado ao código verbal. Partiu para arranjos poéticos construídos de letras, palavras, traços, riscos, sinais, desenhos e fotos. Em seus trabalhos, atrai, mescla e atrita códigos diversos, afastando-se totalmente, em alguns casos, da escrita verbal, para estruturar signos semióticos. Aliás, ele quer fazer da semiótica uma ótica total: o olho produtor cria e o olho receptor capta. Pensamento plástico. E não é por mero acaso que Alfredo Volpi tem contribuído para a edição de muitos desses poemas. A poesia é um vale-tudo de acaso e rigor. E Ronaldo Azeredo celebra a visualidade. Alarga o campo da linguagem poética, já que a invenção, descartando estradas prontas e sinalizadas, com um posto de vigilância literária a cada cinco ou dez quilômetros, abre picadas pelo meio do mato. Com isso, não estou querendo dizer que só o visual conte, o que seria descambar pelo provincianismo carente de imaginação que caracterizou a minúscula aventura do 'poema processo'. O que desejo sublinhar é que a poesia de Ronaldo não admite restrições letradas, sendo antes uma espécie de radar semiótico registrando sensivelmente sinais de um momento histórico". Eu não teria nada a acrescentar. Radar semiótico. Ro.

Reconto. Redondo. Mapa biopoético ou biotipoético. De Vila Isabel lhe veio o primeiro pai artístico: NOEL. Em São Paulo chegou ao segundo: OSWALD, que nunca soube fazer "versos". O outro foi VOLPI, um sábio da retina, o primitivo tecnizado com que Oswald sonhou: "O importante é ter a ideia. A execução, depois, é fácil". Mas ninguém melhor do que o próprio Ronaldo para desenhar a sua biocartografia literária e sentimental. Se o mapa arterial está expresso poeticamente em seu *labirintexto*, o artístico ficou explícito na síntese autobiográfica que publicou no jornal-único de Villari Hermann, "Viva há poesia" (1979) — um videouvida-clipe que vai aqui embutido:

nasci na rua teodoro da silva vila isabel na mesma rua em que
nasceu o noel rosa por sinal um grande amigo meu
para a poesia nasci das mãos firmes e generosas de augusto de campos
sou uma de suas crias

mais tarde décio pignatari e haroldo de campos
então fiquei sendo cria dos três
mais tarde oswald de andrade
então fiquei sendo cria dos quatro
mais tarde a primeira exposição nacional de arte concreta com a
publicação do livro que lançou a poesia concreta noigandres
número três já com a minha participação rato o meu primeiro
poema de mil novecentos e cinquenta e quatro e outros depois
na exposição a água A Z
vieram os pintores e escultores e veio fiaminghi sacilotto
mauricio fejer judith cordeiro charroux
depois veio augusto haroldo décio com capa do fia o noigandres
quatro que publicou meu poema mais conhecido velocidade
depois veio josé lino grünewald edgard braga pedro xisto
depois veio o último noigandres número cinco depois veio
revista invenção depois veio luiz ângelo pinto e décio com os
poemas códigos depois veio alfredo volpi que me ensinou a ser
gente
depois veio florivaldo menezes e orlando marcucci o grupo do
cambuci depois veio a partir de setenta e um até hoje a publicação
anual de um trabalho meu todos patrocinados pelo volpi
tenho esse da mulher o das células da paisagem computador
o do arco-iris o da borboleta pulmão feito com panagens e esse
mapa e o outro que ainda deverá sair este ano todos muito
pouco conhecidos e com tiragens superlimitadas
depois veio o hermann que se incorporou ao grupo do cambuci
depois veio o erthos albino de souza e o risério com a código
depois veio o regis o pedrinho a lenora a turma da poesia em
greve depois veio julio plaza que fez a impressão do mapa
depois veio o luis antonio o carlinhos o omar o paulo a turma da
poesia
artéria
veio o roland e o renato a turma dos físicos depois veio
o brasil o gilberto o willy e o flávio nossos músicos
depois veio o augusto o haroldo o décio o oswald o fiaminghi
o sacilotto o mauricio o fejer a judith o cordeiro o charroux
o zé lino o braga o xisto o luis ângelo o menezes o orlando
o hermann o erthos o risério o regis o pedrinho a lenora
o julio o luis antonio o carlinhos o omar o roland o renato
o brasil o gilberto o willy o flávio o volpi então fiquei
sendo cria dos quatro

Que mais eu poderia dizer do enigma Ronaldo e da sua poesia sem previsões? Poesia de pedra bruta, pedra pura, pedra prima? Poesia de ideias? Ou o próprio risco da poesia — um piscar de ouro nos olhos de Greta Garbo? "Professor", chamam os amigos doutores, companheiros de chopes e papos intelectuais, ao ex-carioca do Cambuci — homenagem carinhosa à sua sabedoria sem títulos. Uma sabedoria que as firulas acadêmicas e os honores universitários, desespontâneos e engomados, já não sabem mais.

(1985)

Textos de Ronaldo Azeredo

RO

prefixo

rato, rói o ro.
rola, roto ro.
ra.
ro ralado. ralo.
reto ro.
ruin. ruína.

prefácio

rainha.
ranha.
rá.

prelúdio

range, ro.
ro. ra. ro. ra.
repousa. raposa.
ro rasgado:
reclina mas reclama.
ro recíproco:
recorda.

prenúncio

reconto. redondo:
rói o ro, rato.
rola, roto ro.
ro refrato.

poema

resisto.
resto.
ro.

(1954)

o monstro moonzebur

é lindo.
e ao luar voa movido pela su ave resplanação, em suspiros line ares.
seu louro vem do só l e vai pelo amar elo ao giraSSOL que por um
v asa(o) ilu mina os após ent eu nupci AIS. para esponsosamente
re colher o liqu ido vir final. mas quando tudo isto ou o girassol
está s eco: respira MOONZEBUR a plan ar no sono delas e s(f)emea
pen(is)ugens que depois come com car(al)inhos.
abre com barulho a já n ela e espera MOONZEBUR seu pai e sua xão.
ó louro moonstro que flui do amor á(h) fero cidade de copul ar
anima lmente.
enquanto MOONZEBUR come seus cachos de pentelhos o tem pó não
p(as)s(a).
(limpa o pó de sua asa) espera que ter mine a amorosa função do
moonstrobelo: êxtase.
(e para os que nunca sabem o que querem vejam a liberdade e) verás
em letras sempre o seu (in)(t)destino sempre.
quando as mulmiltidões se reúnem e se despedem urgentemente de vida
as puls ações do mundo MOONZEBUR ronda onda e ata(c) B AAA.
di-SSOL(ou) vem? sim e no ar pa(s)asa a prim(a)eira (dona) nu(a) vem
vem a (h) s sim.
lá bis os dois e nu vens há bastantes. o alto é llllonge mas
plaiamando MOONZEBUR chega!
cante, cante, cante mulher nas noites de lua para a trair(quem?) o
louro que l oira as barrigas alv(e)as.
quando chorachovendo vira homem e viaja para o o este(? não, porque
ninguém o vê) deixemos a tristeza para os olhos mansos do moonstro
e mergulhemos no verão com praia esdentida no seu corpo
espr(e)i me ntas a t(an...) ent (esão) ação do mergulho da gaivota.
bi(s desde já sei) co fino que entra, gostas? mesmo no v erão
(mag(r)o futuro)
olha o navio irmão de marverão e espera o apito dele vem o bico
aéreo que morde sua o r (v) elha de SOL a para quem anda no ar te
perfeita de resplailourar res pi(n) ca ndo estrelas pela sexuvital
al i cá lá fios (terás muitos) vão e em vão es caparás pois ali e
aqui é perto e no momento ele tecedepressa e nuncamais semprenunca
esqueças e ab(ar)ras bem tudo para:
o moonstro louro MOONZEBUR que voa em l(a)eve e pousa no
amoreterno ou na torre de ROMÂNSIA e como chegAR?

(1956)

o driz da feia

e em seus cabeles, não ainda ali, mas mais fundo, bem na formação dos capimlares, na oca forrorosa habita a feia e seu driz.
— rolindo nunca se arma contra a feia.
oco es cu ro: amar arma rama mara, quatro (m)u(r)ros de seu furo: fundo, nada, solidão dão dão em seus passos estridentes na imensiDÃO de seu buraco.
só só. feia e seu driz.
o amor esse gigante ri sonho dorme lá e a feia com seu binósculo sem boca vê a algazarra na garganta e aí su f oca o grito in falível da
feia:
AMOR.
o driz chega e (a) ma goado tem medo da palavra: retira-se.
e o driz forma aquantos em mar idos: amboiando, a feia pentelha-se consolada.
aproveita o seu único cor tesão e já uiva e ferve a erva da feia.
fealiz gemeseu abdominal canivite: pliff martirgando a pretaputapodre
carne.
aqui fome, para lamber esta c(r)aveira e todo o pluff(muito sangue)
da feia.
aonde esta paralisação escural atinge? vamos, vamos com medroslíngua: o bocejo da vaca e seu olholago?
se a vel(h)a no cemistério funga este vento que a não apaga, quanto QUANTO pela bela: um belo calmo no rosto, quanto por isto?
o buraco vai longe, mais lá no fundo vai a feia até fimcar em atitude de luta contra tudo: o driz core de tanta vergonha, é muito, é muito para mim e para a feia é o principeo apenas do começo da luta pelo lindo.
rrrrrrrrrrrrr: a fabricação de novas carnes. brancas. brancas. o gigante sorri, ante tal esforço: MULUKA! nem mais um driz para a esperança: feia podrepeido: feia.
ancocorada para o mundo num gesto franco de esquis ou frenia (quantas descidas) imaginando a lou(cu)ra, cura a feia você que é lou, dá estes olhosverdes prá ela, você que é lindolindalindo:
NÃO NÃO: LINDA É A FEIA POR UM DRIZ.

(1956)

O SONHO E O ESCRAVO

o sonho:
sol   ar   luz   mar   verão
no triângulo do maiô do seu corpo o triângulo

o escravo:
frio   fumaça   pedra   trabalho
nos círculos da noite o círculo

o sonho:
hall de entrada em mármore, living finamente decorado com lareira natural em mármore, três lindos dormitórios com ar condicionado e "closes", rica sala de banho, ampla cozinha e copa com pia-armário dupla em mármore, piso em mármore, adega, despensa, garagem, quartos para criados, w.c., pátio social, jardins, quintal, lavanderia.

o escravo:
quarto — cozinha

o sonho:
1 000 000 000 000 000 000 000 000 000 000 000 000 000 000 000, 00

o escravo:
9 600,00

o sonho:
carnes

o escravo:
nervos

os pães e peixes   em pães e peixes   em mais peixes
e mais pães   muitos peixes e muitos pães   em mais
peixes e pães

as pratas e ouros   em pratas e ouros   em mais pratas
e mais ouros   muitas pratas e muitos ouros   em mais
pratas e ouros

só um cão pode amar a outro cão e só um não pode responder a um sim.

(1962)

```
              QUIS
MUDAR         TUDO
MUDEI         TUDO
AGORAPÓSTUDO
              EXTUDO
MUDO
```

pós-tudo   augusto de campos (1985)

*DIALÉTICA DA MALEDICÊNCIA**

O último "Folhetim" estampa artigo de Roberto Schwarz, intitulado "Marco Histórico", onde, a pretexto de analisar o meu poema *pós-tudo*, o crítico unicampineiro, entre perplexidades, elucubrações e devaneios interpretativos, emite alguns conceitos que merecem reparo e contestação. Tendo em vista que ele mesmo, em carta de 26 de março, enviara o trabalho a Haroldo de Campos, solicitando-lhe a "gentileza" de me mostrar a referida peça, eu havia já escrito, atendendo à sua provocação dialógica, uma carta que não houve tempo de expedir, ante a rapidez da publicação, mas que entendo traduzir plenamente a minha posição — a minha crítica da crítica. Dada a sua natureza literária, posso, sem qualquer constrangimento, torná-la pública. É com ela, pois, que passo a intervir no debate, usando do meu direito de resposta.

Prezado Roberto Schwarz
Como você pediu ao Haroldo, por escrito, que me mostrasse a sua crítica sobre *pós-tudo*, me sinto autorizado a infringir o código de desempatia que nunca nos permitiu, ao longo de tantos anos, ir além de um protocolar "como vai", para corresponder ao seu artigo-cavalo-de-troia.
Já dizia Antônio Vieira: "Como temo que os que condenam as cousas novas são aqueles que não podem dizer senão as muito velhas e pode ser que muito remendadas!".

---

* Publicado originalmente no "Folhetim" nº 429, de 7 de abril de 1985. O artigo de Roberto Schwarz saíra no "Folhetim" nº 428, de 31 de março. O poema *pós-tudo*, no "Folhetim" nº 419, de 27 de janeiro do mesmo ano.

Se você quer saber o que penso, direi que, descontada a animadversão redutora e deformadora, exibida em primárias e dispensáveis má-criações do tipo "Conselheiro Acácio", "tolice", "moralismo acanhado", "fanfarronada", "delírio de grandeza", "autopropaganda", "bobagem provinciana" etc. etc., que empanam o seu trabalho e aliás não condizem com as suas pretensões de objetividade, até que você conseguiu captar quase tudo do meu *pós-tudo*, ainda que dando ênfase indevida a certas camadas de significado e minimizando outras — a auto e exoironia, principalmente —, de acordo com a sua irritação subjetiva ou com as fantasias sociológicas próprias do seu contexto intelectual. Só não captou o mais importante, "ce qui vaut": a poesia da minha poesia. "É bonito" — você deixa escapar, por fim, para logo autocensurar-se: "e banal". Não podia esperar outra coisa de você quem sempre tem afirmado a "incompetência" (para que eu seja aqui mais ameno e desarmado, leia, se quiser, "inapetência", "indisposição") "cósmica" do sociologismo ou sócio-logicismo literário, de ascendência "chato-boy", para com a poesia.

Louvável o seu esforço analítico a respeito de um texto que não lhe desperta simpatia, que confessadamente o incomoda e sobre o qual, talvez por isso mesmo, você só consegue lançar meia-luz. Mas você não é dos que almejam a crítica iluminadora. Antes você pratica aquela crítica que Fernando Pessoa tem como "a forma suprema e artística da maledicência", e da qual afirma que "é preferível que seja justa, mas não é absolutamente necessário que o seja". Uma crítica que consiste em "espetar alfinetes na alma alheia, dispondo esses alfinetes em desenhos que aprazam à nossa atenção futilmente concentrada, para que o nosso tédio se vá esvaindo"... Poder-se-ia até dizer que você "mete agulhas por alfinetes", segundo antiga expressão que significa empregar todos os expedientes para conseguir um dado fim: no caso, reduzir, por via travessa, a velha inimiga — a *poesia concreta* — a mera vacuidade. Mas não duvido que você, mais sociólogo que crítico e mais crítico que poeta, alimente as mesmas desconfianças em relação ao próprio Fernando Pessoa, o Conselheiro Acácio que disse: "O mito é o nada que é tudo". E que também escreveu: "O artista não tem que se importar com o fim social da arte, ou antes, com o papel da arte adentro da vida social. Preocupação essa que compete ao sociólogo e não ao artista. O artista tem que fazer arte. Pode, é certo, especular sobre o fim da arte na vida das sociedades, mas, ao fazê-lo, não está sendo artista, mas sim sociólogo; não é um artista quem faz essa especulação, é um sociólogo simplesmente". Formigas não amam cigarras. E vice-versa.

Há tanto sucesso quanto fracasso no meu "tudo" e no meu "mudo", a que você atribui (e isso vai por sua conta e risco) dimensões tão monumentais quanto apocalípticas, dedicando-lhes tantas páginas. Afinal, como afirma Borges, "musicalmente o tango não deve ser importante; a sua única importância é a que lhe atribuímos". Mas se de apenas duas palavras, "luxo" e "lixo", você consegue extrair até um "moralismo acanhado", eu confesso que não tenho fôlego para acompanhar tanta, tão torturada e tão tortuosa imaginação. Por outro lado, à margem do *pós-tudo*, ou a pretexto dele, afloram todos os preconceitos que você tem contra a *poesia concreta* e contra os seus autores. Isso, mais do que o meu poema, merece algum aprofundamento.

É espantoso que você queira atribuir a fanfarronice o que é legítima assunção de uma posição já histórica, desconhecendo — o que não me parece correto, ético ou objetivo — as dezenas de publicações, exposições, antologias, dos Estados Unidos à Tchecoslováquia, do Japão a Portugal, da Inglaterra à Iugoslávia, que testemunham, por mais de duas décadas, a intervenção da poesia concreta brasileira no cenário internacional. É falta de informação, bloqueio mental ou deliberado esquecimento? Uma intervenção que em nossa literatura foi traumática, como até reconhecidos adversários não se cansam de reconhecer com palavras catastróficas. Ver, p. ex., os seus insuspeitos colegas Nelly Novaes Coelho ("a poesia concreta pode ser colocada no mesmo plano da Bomba de Hiroshima") e Affonso Romano de Sant'Anna ("A poesia concretista emparedou toda uma geração, a partir de 1956"). E outras pérolas que recolhi, em *Qorpo Estranho* nº 2, para comemorar vinte anos da nossa "Arte Gentil de Fazer Inimigos", ora acrescida de mais um e de mais algumas contas.

Com muito mais razão eu poderia acusá-lo de má-fé, quando você esquece ou apaga os rastros dessa intervenção nada banal, cuja relevância independe do seu pessoal gosto-não-gosto, para apresentá-la como de somenos, mero "delírio de grandeza".

Nesse sentido, o que você chama de "autopropaganda" nada mais é que a enunciação de fatos e feitos sonegados ao conhecimento do nosso público por uma crítica desconfiada e parcial, e a única arma que temos contra essa espécie de omissão insidiosa de que fomos e somos vítimas, mesmo "agorapóstudo".

É também estranhável que você, tão capaz de hipóteses e agudezas, tão sensível a fanfarronadas, não se dê conta do autoritarismo, da presunção e da mesquinharia com que você se concede conceder aos meus trinta e tantos anos de poesia — sem que a sua própria, medrosa e medíocre experiência poética lhe dê autoridade para tanto — apenas dois poemas, o "esplêndido" (por quê?) *dias dias dias*, de 1953, e o irritante mas "sugestivo" *pós-tudo*, de 1984, pau pra toda obra desse seu opúsculo crítico.

"A melhor crítica de qualquer obra, a meu ver a única crítica de algum valor permanente ou mesmo moderadamente durável, vem do escritor ou artista criativo que faz o próximo trabalho; e não, jamais, do jovem cavalheiro que constrói generalidades a respeito do criador" (Ezra Pound).

Mas, afinal, que importa que João Cabral de Melo Neto considere o Movimento Concretista mais importante que o Modernista? Que importa que Octavio Paz tenha afirmado que seria inútil procurar entre os poetas jovens da América hispânica um grupo como o de *Invenção* e que, se em 1920 a vanguarda estava na América hispânica, em 1960, estava no Brasil? Que importa a "extrema importância" que o próprio Anatol Rosenfeld confere ao concretismo (ver *Tempo Brasileiro* nº 26-7, "Vanguarda e Modernidade")? (Desculpe-me se ouso lembrar-lhe algumas das "autoridades" que você rasura sob o rótulo vago e depreciativo de "enxame".) Sim, que direito teria essa incômoda vanguarda, que ameaça colocar "os outros" (entre os quais você, como crítico aspirante a poeta, obviamente se inclui) na retaguarda, de aspirar a alguma grandeza ou até a algum fracasso? Bom mesmo, para o crítico-camaleão, é Manoel Carlos, não é verdade?[1] Admirável, na expressão do Mestre Cândido, só mesmo Casimiro de Abreu... Esses não atrapalham a poesia

---

(1) Alusão a "O Nicho do Bicho Alado", prosa encomiástica, assinada por Bento Prado Jr. e Roberto Schwarz, à guisa de introdução ao livro de poemas *Bicho Alado*, do conhecido autor e produtor de TV Manoel Carlos (Nova Fronteira, 1982). (*Nota desta edição*)

imperita, que você defende e pratica, "na qual a contingência e exposição do sujeito, dotada de fluência e nada mais" serve, no entanto — pasmemos todos — de "revelador (sic) dos tempos". Ora, o que não serve? Em matéria de bobagens, tolices e banalidades...

Ah, a banalidade da poesia! Poe dizia que um décimo dele (o poema), possivelmente, pode ser chamado de ético; nove décimos, porém, pertencem às matemáticas; e o todo está incluído nos limites do mais vulgar senso comum. A banalidade de Shakespeare ("To be or not"), a de Keats ("Beauty is Truth") e a de Homero: os dedos cor-de-rosa da Aurora.

"Todo o Dante é uma mixórdia", disse Chandon. "No fundo, o gênio de Byron me parece um pouco imbecil" (L. Veuillot). Shakespeare "era um jovem selvagem a que o gosto, a arte e a instrução não guiaram suficientemente" (Blair). "Esse tolo do Shakespeare", como dizia Voltaire, este, para De Maistre, "o mais desprezível dos escritores". Ah, Voltaire, "esse macaco de gênio", como dizia Victor Hugo, por sua vez, um poeta "dessa família de espíritos que se alimentam na cozinha do século", segundo Veuillot. *Tudo* isso está no "Tolicionário" de Flaubert — segundo tomo de *Bouvard e Pécuchet* — a "Enciclopédia da Estupidez Humana", onde vão parar muitos julgamentos escarninhos e muitas sentenças arrogantes.

Um abraço

"nec spe nec metu"
sem esperança nem temor

Augusto de Campos

P. S.: Em sua esforçada decifração do meu texto, seu olho esperto, porém inexperto, perdeu algumas leituras suplementares. Na coluna da esquerda, descendo verticalmente da última letra de "mudar", lê-se também "mudaria", "ria", e continuando na horizontal, a partir da última letra de "ria", "mudaria pós-tudo", "ria pós-tudo". O que muda? Muda tudo. A dimensão irônica que você minimiza, e a leitura natural, empobrecedora, que você sustenta no final do seu artigo. Quem ri por último?

(1985)

THE GENTLE ART

o "Rock'n Roll" da POESIA

HOUVE ATÉ PROPAGANDA DE DESINFETANTE NO RECITAL, ONTEM, DE POESIA CONCRETA

Bandeira vendeu seu primeiro poema concreto

...NICO NA POESIA

25-10-57

...OESIA CONCRETA, A FLOR
...DA CIVILIZAÇÃO DA RAIVA

Teatro
Recital de poesia concreta

Menotti:
matam
a poesia

MESMO SENDO "CONCRETOS", NINGUÉM ENTENDEU NEM POESIAS NEM QUADROS

...oetas concretos
respondem
aos seus críticos

Querem mudar
a maneira de
ler e escrever

Isso é coisa de
...beis mentais!

OS CONCRETISTAS, ESTES MOÇAMBOS

...TAS E PINTORES "CONCRETISTAS": LEVAM
...TAÇÃO AOS MEIOS ARTÍSTICOS CARIOCAS

CONCRETISMO:
COISA VELHA

NÃO FALANDO DE POESIA CONCRETA

THE GENTLE ART

Bouvard et Pécuchet: Copions!

Essa poesia concretista, feita de extremas abstrações, não é uma arte de fuga, mas uma negação total do homem. (LUIS MARTINS, O Estado de S. Paulo, 4-1-57)

A propósito da Exposição dos Poetas e Pintores Concretos (Ministério da Educação) disse, ontem, o poeta Carlos Drummond de Andrade: — Acho que estou ficando velho. Ainda uso as conjunções, admito a existência do ABC e obedeço à gramática.
 (O JORNAL, 7-2-57)

P — O que falta, assim, aos concretistas?
R — pat pa tri 3 patri ada patrida à AH OH IH patriamada. B r a s i bra sil z i n h o qu e r i DO. P E T R O B R Á S.
 (P.M.C., Diário Carioca, 8-2-57)

...pataquada de três ou quatro jovens engraçados.
 (SALDANHA COELHO, Diário Carioca, 10-2-57)

O que pensas da poesia concreta, perguntei, eu, a mim próprio. E, respondi: — Não penso nada, nem nada se pode pensar, nem nada se pode dizer.
 (ANTONIO BOTO, Diário Carioca, 10-2-57)

Marques Rebello, que acaba de comemorar seu cinquentenário e mostrou-se contra a poesia e pintura concretistas, acaba de machucar a mão.
 (DIÁRIO DA NOITE, 14-2-57)

A poesia concreta poderá ser, quando muito, arte decorativa. Que as traças apreciarão nas estantes do futuro.
 (TITO MENDEZ, O Jornal, 15-2-57)

Não se sabe bem o que pretendem esses poetas com a sua fúria descoordenadora do pensamento e da imagem, decompondo a própria palavra que, afinal de contas, é a matéria-prima da poesia.
 (LÍVIO XAVIER, Supl. Lit. de O Estado de S. Paulo, 16-2-57)

Antes de mais nada a nova corrente não deve ser levada a sério.
 (TITO MENDEZ, O Jornal, 15-2-57)

O concretismo não é somente a crise da linguagem e da poesia e sim a linguagem e a poesia da crise.
 (MONIZ BANDEIRA, Correio da Manhã, 23-2-57)

Não posso ser contra ou a favor de uma coisa que para mim não existe. Não compreendo nem acredito na chamada poesia concreta.
 (AUGUSTO FREDERICO SCHMIDT, Diário da Noite, fevereiro 1957)

Carlos Drummond de Andrade e Cecília Meireles nada declararam. O embaixador Olegário Mariano, líder dos academicistas, pediu para que não o metessem nisso.
 (DIÁRIO DA NOITE, fevereiro de 1957)

OF MAKING ENEMIES

...esses ruidosos movimentos me sugerem a imagem de um bordel
com muita algazarra e pouca fecundidade.
   (GUSTAVO CORÇÃO, O Estado de S. Paulo, 10-3-57)

...uma voluntária castração, que não parece levar a nada.
   (ANTONIO HOUAISS, 1957)

Não sabemos o que pode sair do movimento concretista.
   (ADOLFO CASAIS MONTEIRO, O Estado de S. Paulo, 17-3-57)

"Rock and Roll" e poesia concreta são aspectos de um mesmo fenômeno:
o de uma juventude desorientada.
   (MARIO NEWTON FILHO, Diário de Notícias, 17-3-57)

   Diante de certas soluções da arte em voga,
   a que deram o nome de "concretismo" (não aceito,
   em verdade, por críticos do melhor quilate)...
      (SÉRGIO MILLIET, O Estado de S. Paulo, 4-5-57)

Completamente absorvidos nas "experiências" e nas "pesquisas"
de germânicos, querem delimitar geometricamente a própria
exuberância latina numa tentativa tardia e deslocada de mozambismo.
   (PEDRO MANUEL, Diário de Notícias, 27-4-58)

   Os pontífices concretistas ouviram cantar o galo mas não sabiam
   bem onde. E, com a desenvoltura de sempre, quiseram jogar terra
   nos olhos do mundo. Esses escamoteadores auto-escamoteados...
      (OSWALDINO MARQUES, Revista do Livro n.º 10 — junho de 1958)

Continuaremos, portanto, cética a qualquer tentativa de dar
autonomia à palavra — a experiência concretista, por exemplo
— até que nos provem o contrário.
(MARIA TEREZA C. BIEDERMAN, Supl. Lit. de O Estado de S.P., 23-12-67)

   ...os concretistas de São Paulo, que se consideram os únicos
   aptos a fazer poesia e nunca se misturam, numa época em que
   até a ação governamental sugere uma união de esforços.
   (AFFONSO ROMANO DE SANT'ANNA, O Estado de S. Paulo, 24-11-74)

   Eles exercem um poder quase ditatorial, são terríveis:
   tomam conta de editoras, de jornais, fazem conferências,
   movimentam-se para todo lado e levaram a poesia brasileira
   a um beco sem saída. Criado o impasse, partiram para a
   música popular.
      (AUTRAN DOURADO, Visão, 10-11-75)

   A poesia concreta pode ser colocada no mesmo plano
   da Bomba de Hiroshima.
      (NELLY NOVAES COELHO, Diário de S. Paulo, 4-9-74)

OF MAKING ENEMIES

...(a poesia concretista) emparedou toda uma geração, a partir de 1956.
(AFFONSO ROMANO DE SANT'ANNA, Veja, 16-7-76)

INFORMAÇÃO BIBLIOGRÁFICA

Os textos de Augusto de Campos que integram este volume foram originalmente estampados nas publicações descritas a seguir:

Artigos e estudos

O FLAUBERT QUE FAZ FALTA, *Jornal da Tarde*, 10/5/80.
A PROSA É MÓBILE, "Suplemento Literário" de *O Estado de S. Paulo*, 23/3 e 30/3/63.
OUTRAS PALAVRAS SOBRE FINNEGANS WAKE — Suplemento "Cultura" de *O Estado de S. Paulo* (sob o título "Redescoberta do *Finnegans Wake*").
BELLI, DIABOLUS IN POESIA, "Folhetim" nº 523, *Folha de S.Paulo*, 13/2/87.
NUVEM-ESPELHO PARA SINISGALLI, "Folhetim" nº 404, *Folha de S.Paulo*, 14/10/84.
VIDA BREVE, ARTE LONGA, *Correio da Manhã*, 16/4/67.
O SPUTNIK E A TROCA DE SINAIS, *Correio da Manhã*, 6/8/67.
O COLOMBO DOS NOVOS CONTINENTES POÉTICOS, *Folha de S.Paulo*, 16/11/85.
POUND MADE (NEW) IN BRAZIL — *Cahiers de L'Herne* (Ezra Pound — I), Éditions de L'Herne, Paris, 1965 (em tradução para o francês de Maryse Planès). Suplemento "Cultura" de *O Estado de S. Paulo*, 27/10/85.
OBJETIVO: LOUIS ZUKOFSKY, "Suplemento Literário" de *O Estado de S. Paulo*. 7 e 14/11/64.
BOB BROWN: POEMAS ÓTICOS, "Suplemento Literário" de *O Estado de S. Paulo*. 9/1/65.
NOTÍCIA IMPOPULAR DE *O HOMEM DO POVO*, Introdução de O HOMEM DO POVO, coleção completa e fac-similar do jornal criado e dirigido por Oswald de Andrade e Patrícia Galvão (Pagu), São Paulo, Imprensa Oficial do Estado S.A./Divisão de Arquivo do Estado, 1984.
RESISTE, RO, Revista *Código* nº 11, Salvador, Bahia, 1986.
DIALÉTICA DA MALEDICÊNCIA, "Folhetim" nº 429, *Folha de S.Paulo*, 7/4/85.

Outros textos

FRAGMENTOS DO FINNEGANS WAKE, inédito.
DOIS SONETOS DE BELLI, "Folhetim" nº 523, *Folha de S.Paulo*, 13/2/87.

INTRADUÇÃO (Leonardo Sinisgalli), "Folhetim" nº 404, *Folha de S.Paulo*, 14/10/84.
INTRADUÇÃO (Vielimir Khlébnikov), *Folha de S.Paulo*, 16/11/85.
PROFILOGRAMA 1 (Pound-Maiakóvski), Revista *Invenção* nº 5, São Paulo, dezembro de 1966 e janeiro de 1967. (Perfil de Pound, por Gaudier Brzeska + Perfil de Maiakóvski, por A. Ródtchenko).
A FÚRIA DE JÚLIA (Louis Zukofsky), Revista *Invenção* nº 4, São Paulo, dezembro de 1964.
THE GENTLE ART OF MAKING ENEMIES, Revista *Qorpo Estranho* nº 2, São Paulo, setembro/dezembro de 1976 (arte-final de Julio Plaza, sobre manchetes de jornais e assinaturas-borboletas de Whistler).

Os textos em prosa de Ronaldo Azeredo são inéditos. "Ro" foi publicado originalmente na revista-livro *Noigandres* nº 3 (1956), "velocidade", em *Noigandres* nº 4 (1958) e "labor torpor" na revista *Invenção* nº 5 (1966-7).

NAOMEVENDO (ideholograma), Augusto de Campos, 1988, inédito.

ÍNDICE DAS ILUSTRAÇÕES

Manuscritos de *Finnegans Wake*, de David Hayman, *A First Draw Version of FW*, Austin, University of Texas Press, 1963, pp. 39 e 40
Fotos da Piazza Gioacchino Belli, em Roma (Augusto de Campos), pp. 49 e 50
V. Khlébnikov, autorretrato, 1909, p. 85
Autógrafo de Khlébnikov, 29/12/1921, p. 85
V. Khlébnikov, 1913. Desenho de Maiakóvski, p. 95
Ezra Pound, 1918. Foto: E. O. Hoppé (Mansell Collection), p. 98
Carta de Ezra Pound a H. e A. de Campos, 7/4/1955, pp. 105 e 106
Capa do livro *1450-1950* e poemas manuscritos de Bob Brown, Jargon Books, Nova York, 1959 (edição de Jonathan Williams), pp. 126 e 133-41
O Homem do Povo nº 7, de 9/4/31, página 1 (em redução fotográfica), p. 144
"A Mulher do Povo" (crônica de Pagu em *O Homem do Povo* nº 3, de 31/3/31, da página 2), p. 147
Fotos de Pagu, pesquisa de Ivo Branco, Vladimir Sacchetta e Paulo Cesar de Azevedo para o filme *Eh Pagu Eh* (1982), pp. 149 e 151
Foto de Ronaldo Azeredo, 1954 (Augusto de Campos), p. 158

OBRAS DE AUGUSTO DE CAMPOS

POESIA:

O Rei Menos o Reino. São Paulo, edição do autor, 1951.
Ad Augustum per Angusta e *O Sol por Natural*, na revista-livro *Noigandres* nº 1, 1952.
Poetamenos (1953), 1ª edição na revista-livro *Noigandres* nº 2, fevereiro de 1955, São Paulo, edição dos autores (2ª edição, São Paulo, Edições Invenção, 1973).
Noigandres nº 3 (com Décio Pignatari, Haroldo de Campos e Ronaldo Azeredo), São Paulo, 1956. *Noigandres* nº 4, 1958, idem. *Noigandres* nº 5 (com D. Pignatari, H. de Campos, R. Azeredo e José Lino Grünewald), São Paulo, Masao Ohno, 1962.
LINGUAVIAGEM (cubepoem), limited edition of 100 copies, designed by Philip Steadman, Brighton, England, 1967, e na versão original, edição do autor, São Paulo, 1970.
Equivocábulos, São Paulo, Edições Invenção, 1970.
Colidouescapo, São Paulo, Edições Invenção, 1971 (2ª edição, São Paulo, Amauta, 2006).
Poemóbiles (1968-74), poemas-objetos, em colaboração com Julio Plaza, São Paulo, edição dos autores, 1974 (2ª edição, São Paulo, Brasiliense, 1985; 3ª edição, Selo Demônio Negro/Annablume, 2010).
Caixa Preta, poemas e objetos-poemas em colaboração com Julio Plaza, São Paulo, edição dos autores, 1975.
VIVA VAIA (*Poesia 1949-79*), São Paulo, Duas Cidades, 1979 (2ª edição, Brasiliense, 1986; 3ª edição, revista e ampliada e com CD, Ateliê Editorial, 2001; 4ª edição, 2008).
Expoemas (1980-85), serigrafias de Omar Guedes, São Paulo, Entretempo, 1985.
NÃO, poema-xerox, edição do autor, 1990.
Poemas, antologia bilíngue, a cargo de Gonzalo M. Aguilar, Buenos Aires, Instituto de Literatura Hispanoamericana, 1994 (2ª ed. ampliada, Buenos Aires, Gog y Magog Ediciones, 2012 e 2014).
Poetamenos, edição, tradução e notas de Gonzalo Aguilar e Gerardo Jorge, Direcciones y Document-art, Buenos Aires, 2014.
Despoesia (1979-1993), São Paulo, Perspectiva, 1994.
Poesia é Risco (CD-livro), antologia poético-musical, de *O Rei Menos o Reino* a *Despoemas*, em colaboração com Cid Campos, Rio de Janeiro, Polygram, 1995 (2ª e 3ª edições, com acréscimos, Selo SESC, 2011 e 2021).
Anthologie-Despoesia, préface et traduction par Jacques Donguy, Romainville, France, Éditions Al Dante, 2002.

NÃO, com o CDR *Clip-Poemas* (animações digitais), São Paulo, Perspectiva, 2003 (2ª edição, 2008).
Poètemoins: Anthologie, préface et traductions par Jacques Donguy, Dijon, France, Les Presses du Réel, 2011.
Profilogramas, São Paulo, Perspectiva, 2011.
CIDADECITYCITÉ, em versão poema-objeto por Ana Lúcia Ribeiro, São Paulo, Editora Granada, 2014.
Poetamenos, edição bilíngue, Buenos Aires, Gog y Magog, 2014.
Outro, São Paulo, Perspectiva, 2015.
Hangszóképversek (*Poemas Verbovocovisuais*), antologia poética, bilíngue, húngaro-português. Grande Prêmio de Poesia Janus Pannonius, Budapeste, 2017.
Lenguaviaje (*Linguaviagem*), antologia poética, bilíngue, hispano-portuguesa. Prêmio Iberoamericano de Poesia Pablo Neruda, Chile, Santiago, 2017. Reeditado com acréscimos pela Universidad de los Andes, Colômbia, Bogotá, Ediciones Uniandes, e com novos acréscimos por Libros de la Resistencia, Madri, 2020.
Outro (*Autre*), nova antologia de poemas, aos cuidados de Jacques Donguy, publicada no nº 3 da revista *Celebrity Café*, dedicado ao poeta, Dijon, França, Les Presses du Réel, 2019.
Poesie, antologia de poemas, edição bilíngue, alemão-português, tradução de Simone Homem de Melo, São Paulo, Demônio Negro, 2019.
Entredados, livro-CD, com Cid Campos (leituras de poemas): Mallarrné, Maiakóvski, Lewis Caroll, Joyce, Gregório de Matos, Ezra Pound (com D. Pignatari e H. de Campos em *Um Lance de Dados*). São Paulo, Laranja Original, 2022.
Poetamenos, edição bilíngue, inglês-português, Maringá, Editora Kadê, 2023.

ENSAIOS DIVERSOS:

ReVisão de Sousândrade (com H. de Campos), São Paulo, Edições Invenção, 1964 (2ª edição, ampliada, São Paulo, Nova Fronteira, 1982; 3ª edição, ampliada, São Paulo, Perspectiva, 2002).
Teoria da Poesia Concreta (com D. Pignatari e H. de Campos), São Paulo, Edições Invenção, 1965 (2ª edição, ampliada, São Paulo, Duas Cidades, 1975; 3ª edição, Brasiliense, 1987; 4ª edição, Ateliê Editorial, 2006).
Sousândrade — Poesia (com H. de Campos), Rio de Janeiro, Agir, 1966 (3ª edição, revista, 1995).
Balanço da Bossa (com Brasil Rocha Brito, Julio Medaglia, Gilberto Mendes). São Paulo, Perspectiva, 1968 (2ª edição, ampliada: *Balanço da Bossa e Outras Bossas*, 1974).
Guimarães Rosa em Três Dimensões (com H. de Campos e Pedro Xisto), São Paulo, Comissão Estadual de Literatura, Secretaria da Cultura, 1970.
ReVisão de Kilkerry, São Paulo, Fundo Estadual de Cultura, Secretaria da Cultura, 1971 (2ª edição, ampliada, São Paulo, Brasiliense, 1985).
Revistas Re-vistas: Os Antropófagos, introdução à reedição fac-similada da "Revista de Antropofagia", São Paulo, Abril/Metal Leve S.A., 1975.
Reducbamp, com iconogramas de Julio Plaza, São Paulo, Edições S.T.R.I.P., 1976 (2ª edição, São Paulo, Selo Demônio Negro/Annablume, 2010).
Poesia, Antipoesia, Antropofagia, São Paulo, Cortez e Moraes, 1978.
Poesia, Antipoesia, Antropofagia & Cia. Nova edição, revista e ampliada, São Paulo, Companhia das Letras, 2015.

Pagu: Vida-Obra, São Paulo, Brasiliense, 1982 (nova edição, revista e ampliada, São Paulo, Companhia das Letras, 2014).
À Margem da Margem, São Paulo, Companhia das Letras, 1989.
O Enigma Ernani Rosas, Florianópolis, Editora UEPG (Universidade Estadual de Ponta Grossa), 1996
Os Sertões dos Campos (com H. de Campos), Rio de Janeiro, Sette Letras, 1997.
Poética de Os Sertões, São Paulo, Casa Guilherme de Almeida, 2010.
Música de Invenção, São Paulo, Perspectiva, 1998.
Música de Invenção 2, São Paulo, Perspectiva, 2016.

TRADUÇÕES E ESTUDOS CRÍTICOS:

Dez Poemas de e. e. cummings, Rio de Janeiro, Serviço de Documentação-MEC, 1960.
Cantares de Ezra Pound (com D. Pignatari e H. de Campos), Rio de Janeiro, Serviço de Documentação-MEC, 1960.
Panaroma do Finnegans Wake (com H. de Campos), São Paulo, Comissão Estadual de Literatura, Secretaria da Cultura, 1962 (2ª edição, ampliada, São Paulo, Perspectiva, 1971; 3ª edição, ampliada, São Paulo, Perspectiva, 2001).
Poemas de Maiakóvski (com H. de Campos e Boris Schnaiderman), Rio de Janeiro, Tempo Brasileiro, 1967 (2ª edição, ampliada, São Paulo, Perspectiva, 1982; nova edição comemorativa, revista e ampliada, São Paulo, Perspectiva, 2017).
Poesia Russa Moderna (com H. de Campos e B. Schnaiderman), Rio de Janeiro, Civilização Brasileira, 1968 (2ª edição, ampliada, São Paulo, Brasiliense, 1985; 3ª edição, ampliada, Perspectiva, 2001).
Traduzir e Trovar (com H. de Campos), São Paulo, Papyrus, 1968.
Antologia Poética de Ezra Pound (com D. Pignatari, H. de Campos, J. L. Grünewald e Mário Faustino), Lisboa, Ulisséia, 1968.
ABC da Literatura, de Ezra Pound (com José Paulo Paes), São Paulo, Cultrix, 1970.
Mallarmargem, Rio de Janeiro, Noa-Noa, 1971.
Mallarmé (com D. Pignatari e H. de Campos), São Paulo, Perspectiva, 1978.
O Tygre, de William Blake, São Paulo, edição do autor, 1977.
John Donne, o Dom e a Danação, Florianópolis, Noa-Noa, 1978.
Verso, Reverso, Controverso, São Paulo, Perspectiva, 1979 (2ª edição, 2009).
20 poema(s) — e. e. cummings, Florianópolis, Noa-Noa, 1979.
Mais Provençais — Raimbaut e Arnaut, Florianópolis, Noa-Noa, 1982 (2ª edição, ampliada, São Paulo, Companhia das Letras, 1987).
Ezra Pound: Poesia (com H. de Campos, D. Pignatari, J. L. Grünewald e M. Faustino). Organização, introdução e notas de Augusto de Campos, São Paulo, Hucitec/ Universidade de Brasília, 1983-93 (3 edições).
Paul Valéry: A Serpente e o Pensar. São Paulo, Brasiliense, 1984 (2ª edição, São Paulo, Editora Ficções, 2011).
John Keats: Ode a um Rouxinol & Ode sobre uma Urna Grega, Florianópolis, Noa-Noa, 1984.
John Cage: De Segunda a um Ano. Introdução e revisão da tradução de Rogério Duprat, São Paulo, Hucitec, 1985 (2ª edição, Rio de Janeiro, Cobogó, 2014).
40 poem(a)s — e. e. cummings, São Paulo, Brasiliense, 1986.
O Anticrítico, São Paulo, Companhia das Letras, 1986 (2ª edição, 2019).

Linguaviagem, São Paulo, Companhia das Letras, 1987 (2ª edição, Lisboa, Maldoror/ Língua Morta, 2023).
Porta-retratos: Gertrude Stein, Florianópolis, Noa-Noa, 1990.
Hopkins: Cristal Terrível, Florianópolis, Noa-Noa, 1991.
Pré-Lua e Pós-Lua, São Paulo, Arte Pau Brasil, 1991
Rimbaud Livre, São Paulo, Perspectiva, 1992.
Irmãos Germanos, Florianópolis, Noa-Noa, 1993.
Rilke: Poesia-Coisa, Rio de Janeiro, Imago, 1994.
Hopkins: A Beleza Difícil, São Paulo, Perspectiva, 1997.
Mallarmargem 2, Florianópolis, Noa-Noa, 1998.
Poem(a)s — e.e. cummings, Rio de Janeiro, Francisco Alves, 1999 (edição revista e ampliada, São Paulo, Editora da Unicamp, 2011).
Coisas e Anjos de Rilke, São Paulo, Perspectiva, 2001 (2ª edição ampliada, 2013).
Invenção — De Arnaut e Raimbaut a Dante e Cavalcanti, São Paulo, Editora Arx, 2003.
Poesia da Recusa, São Paulo, Perspectiva, 2006.
Quase Borges + 10 Transpoemas. São Paulo, Memorial da América Latina, 2006.
Emily Dickinson — Não Sou Ninguém, São Paulo, Editora da Unicamp, 2008 (nova edição, revista e ampliada, São Paulo, Editora da Unicamp, 2015).
August Stramm: Poemas-Estalactites, São Paulo, Perspectiva 2008.
Byron e Keats: Entreversos, São Paulo, Editora da Unicamp, 2009.
Quase Borges — 20 Transpoemas e uma Entrevista, São Paulo, Selo Musa Rara, Terracota Editora, 2013.
Jaguadarte, de Lewis Carroll, São Paulo, Editora Nhambiquara, 2014.
Retrato de Maiakóvski Quando Jovem — Cinco Poemas, bilíngue, São Paulo/Belo Horizonte, Selo Demônio Negro, 2016.
Retrato de Sylvia Plath como Artista — Extraduções, bilíngue, Londrina, Galileu Edições, 2018.
Mariane Moore — 10 Poemas — Extraduções, bilíngue, Londrina, Galileu Edições, 2019.
Rimbaud — Extraduções, bilíngue, Londrina, Galileu Edições, 2019.
Esses Russos — Extraduções, Londrina, Galileu Edições, 2019.
Latinogramas — Extraduções, bilíngue, Londrina, Galileu Edições, 2019.
Poetas Bizarros na Internet — Extraduções, bilíngue, Londrina, Galileu Edições, 2020.
Irmãos Humanos — De Machaut a Villon — Extraduções, bilíngue, Londrina, Galileu Edições, 2020.
Paraulas para Palau — Extraduções, bilíngue, Londrina, Galileu Edições, 2020.
Franceses — De Nerval a Roussel — Extraduções, bilíngue, Londrina, Galileu Edições, 2020.
Loja do Livro Italiano — Poesia da Resistência — Extraduções, bilíngue, Londrina, Galileu Edições, 2020.
Dessurralistas Franceses — Extraduções, bilíngue, Londrina, Galileu Edições, 2020.
Irmãos Hispanos — Extraduções, bilíngue, Londrina, Galileu Edições, 2020.
Uma Descoberta: Traduções de Fernando Pessoa — Extraviagens, Londrina, Galileu Edições, 2021.
A Aura Barroca — Extraduções, bilíngue, Londrina, Galileu Edições, 2021.
Dados os Dados — Mallarmé Verne — Extraviagens, Londrina, Galileu Edições, 2021.
Ghérasim Dessurrealista — Extraduções, bilíngue, Londrina, Galileu Edições, 2022.
Entreshakespeares — Extraduções, bilíngue, Londrina, Galileu Edições, 2022.

NÃO ME V
ENDO NÃ
O SE VEN
DA NÃO S
E VENDE

1ª EDIÇÃO [1989] 1 reimpressão
2ª EDIÇÃO [2023]

ESTA OBRA FOI COMPOSTA PELA PÁGINA VIVA EM GARAMOND E IMPRESSA
PELA GEOGRÁFICA EM OFSETE SOBRE PAPEL PÓLEN SOFT DA SUZANO S.A.
PARA A EDITORA SCHWARCZ EM JUNHO DE 2023

A marca FSC® é a garantia de que a madeira utilizada na fabricação do papel deste livro provém de florestas que foram gerenciadas de maneira ambientalmente correta, socialmente justa e economicamente viável, além de outras fontes de origem controlada.